# 당신만을 위한
# 100개의 질문

"내 안의 나를 만나는 100일간의 동행"

# 당신만을 위한 100개의 질문

2021년 3월 25일 초판1쇄 발행
2021년 4월 25일 초판2쇄 발행

지은이 한민수 외 | 펴낸이 이찬규 | 펴낸곳 북코리아
등록번호 제03-01240호 | 전화 02-704-7840 | 팩스 02-704-7848
이메일 sunhaksa@korea.com | 홈페이지 www.북코리아.kr
주소 [13209] 경기도 성남시 중원구 사기막골로 45번길 14
우림 2차 A동 1007호
ISBN 978-89-6324-751-9 (13190)
값 15,000원

# 당신만을 위한 100개의 질문

권세연 김미영 김미정 김성희 김주영 김현경 김혜영
노태성 박소영 박희보 서희승 신은희 안남섭 안순봉
연영주 오정근 유지은 이문희 이민지 이영실 이흥원
장윤정 정혜연 조미선 한민수 한혜정

"내 안의 나를 만나는 100일간의 동행"

북코리아

# 격려사

2020년 하반기 코로나로 비대면이 일상화되어 가는 세상에서 우리는 우리의 숨은 잠재력을 깨우는 코칭의 파워를 체험하며 지속 성장하기 위해 새로운 아이디어와 시도가 필요했다.

거꾸로 갈 수 없는 디지털 트랜스포메이션 세상을 일찍 감지하여 온라인 활용 노하우를 조금 먼저 배우고 익히며 밴드 모임공간을 활용 기록으로 남기면서 서로 연결하며 긍정의 에너지를 얻고 함께 마음성장을 체험하는 랜선코칭클럽에서 100일간 함께하자는 호연지기 한민수 코치의 제안으로 26명이 함께하며 완주했다.

매일 올라오는 코칭 질문으로 참여하고 답하며 자신의 삶을 되돌아보기도 하고 꿈을 구체화시켜보기도 하고 자기인식의 시간을 통해 함께 나누며 서로 지지하고 성장하는 귀한 동행의 여정이었다.

랜선코칭맛집에서 경험한 100일간의 생생한 변화성장기록을 많은 이들과 함께 나눌 수 있게 되어 진심으로 축하드리고, 계속 이어나가시기를 응원합니다.

(사)미래준비 이사장
안남섭

# 서문

우리는 항상 자기 자신을 찾기에 힘쓴다.

서로 잘 모르는 이들이, 그것도 스물여섯 명(26명)이나 랜선(온라인)에 모여 댓글로 대화하는 '랜선코칭클럽'을 운영하게 될 줄은 꿈에도 몰랐다.

처음에는 다들 "여기가 뭐하는 곳이지?" 하고 어리둥절했지만, 이내 자연스럽게 매일 아침 올라오는 코칭퀘스천에 푹 빠지게 되었다. 몇몇 분들은 아침형 인간이어서 새벽 6시경에 올라오는 코칭퀘스천을 설레는 마음으로 기다렸다. 그래서 매일같이 다음 날의 코칭퀘스천을 맛깔나게 준비하기 위해 캡틴 코치님들과 머리를 맞댔다.

정말 폭발적인 반응이 일어났다. 매일 게시되는 코칭퀘스천에 따라 댓글이 보통은 30~50개, 최대 댓글 수는 115개가 넘어가기도 하였다. 좀 더 생생한 댓글을 감상하기 원하는 분들은 네이버 밴드에서 '랜선코칭클럽'을 검색해서 읽어볼 수 있다.

동일한 질문(코칭퀘스천)에 각양각색 자신만의 댓글이 달리면서, 우리는 상호 학습, 공존(함께함), 공명(울림), 동반 성장을 자연스레 경험하였다. 얼굴을 모를지라도 댓글 내용에 따라 서로 위로하며 격려하기 시작했다. 게다가 서스름없이 공감하며 칭찬하기도 하였다.

제주, 부산, 남원, 동탄, 파주, 연천, 양평, 성남, 서울 등지에서 많은 참가자들이 온라인으로 모여들었다. 코칭퀘스천을 통해 내 안의 나를 만나면서 어느새 우리는 하나의 랜선 가족이 되고 있었다. 첫 코칭퀘스천이 게시된 지 30일이 지날 즈음 아이디어가 하나둘 모여 100개의 질문과 댓글을 모아 책으로 출판해 많은 사람들과 나누기로 결정하였다. 그리하여 이렇게 26인의 코치와 함께하는《당신만을 위한 100개의 질문》이라는 책을 발간하게 되었다.

굳이 대면이 아니더라도 비대면에서도 사람의 온기를 느낄 수 있다는 것이 참으로 매력적이었다는 향기님. 가끔은 솔직하게 나를 표현하고 함께하는 분들을 통해 인정, 지지, 격려를 받으면서 마음의 거리가 물리적 거리보다 더 가까울 수 있다는 것, 온라인 줌(zoom)으로 가끔 만나도 더 친근하고 오랫동안 알았던 기분으로 반갑게 만날 수 있는 것 또한 랜선코칭클럽의 무수한 매력 중 하나였다는 멤버의 글에 잠시 머물러본다.

서울 성수동에서

호연지기 한민수

# 책 사용 설명서

『당신만을 위한 100개의 질문』은 100가지의 '질문'과, 당신의 생각을 자유롭게 표현할 '여백', 그리고 랜선코칭클럽 참가자들의 '생생 댓글'로 구성되어 있습니다.

1. 먼저, 코칭퀘스천 Q001을 읽고 자신을 탐구한 뒤, A001의 빈칸에 표현해 보세요. A001 페이지는 세 칸으로 구분되어 있는데 자유롭게 활용하면 됩니다.
2. 코칭퀘스천에 대한 답을 찾기 힘들거나 표현하기가 어렵다면, 한 장을 넘겨 랜선코칭클럽 참가자들의 생생 댓글을 감상해 보세요. 영감을 얻었다면 앞 페이지로 되돌아가 다시 표현해 보세요. 글, 그림, 사진, 혹은 낙서까지 그 어떤 것이라도 좋습니다.
3. 코칭퀘스천 Q&A에 따라 탐구&표현하기가 어려울 때는 책의 뒷부분으로 가서 코치 26인의 에필로그를 읽고 용기와 힘을 얻으세요.

이렇게 해서 A001에서부터 A100까지 100일간 모두 기록하셨으면, 네이버 밴드 랜선코칭클럽에 잠시 들어오셔서 최종 인증을 해주세요. 미션 인증을 하신 선착순 100분에게 이 책을 한 권 더 보내드립니다. 당신의 주위 사람들과 랜선 가족의 체온을 나눠 보세요.

### # 미션 인증 방법

- 네이버 밴드 랜선코칭클럽에 가입한다.
- 게시글에 100일 인증글을 쓴다.

제목: 『당신만을 위한 100개의 질문』 100일 인증글
① 책을 읽게 된 동기(30자 이상)
② 탐구하며 표현해서 직접 기록한 10페이지 인증사진 10개(직접 촬영한 사진)
③ 책을 탐구하고 표현하면서 느낀 점, 앞으로 기대하는 것(100자 내외)

* 위 내용이 확인되면 랜선코칭클럽 운영자가 최종 승인 댓글을 올리게 되고,
선착순 100명에게 새 책 한 권을 발송해 드립니다.

# 차례

"내 안의 나를 만나는 100일 간의 동행"

## 나 ____________의 다짐서

__________년 ____월 ____일

________________ (서명)

# 용기를 북돋우다

Q001–Q010

# Q
# 001

# 당신은 누구인가요?

A001

A001

A001

# 랜선코칭클럽 #001

**호연 한민수 코치** 호연지기빛을 당신에게 비춥니다^^
A001. 저는 살아오면서 수많은 역할을 해왔습니다. 그 역할만 적다보면 지면이 부족할 것 같군요. 저는 또한 2001년 부터 시작해서 2005년 2008년 2012년 2014년 직업이 발전되어 왔습니다. 역할이나 직업이 저를 대변하기는 하지만, 저를 모두 나타내지는 못합니다. 그럼에도 불구하고 수많은 역할과 직업으로 인해 나라는 정체성을 발견하는데 소중한 경험이 되고 있습니다.

저는 호연지기입니다. 넓고 깊은 마음으로 자연스럽고 편안한 생각과 지혜와 가능성을 가지고, 지금 이순간에 멈추어 내면의 빛을 밝혀가는 자유의 존재입니다. ^^

9월 1일 오전 8:31 3

**상선약수 김혜영**
A001 저는 나의 존재에  대한 궁금증으로 철학 책 수행을 거쳐서 사랑과 은혜 안에서 흐르는 물처럼 자연스럽게 대양을 향해 흘러갑니다..
안에서 자유로운 존재로 사랑과 지혜를 배워가며 기쁘게 살아가려 합니다! 내적 외적 조화롭고 행복한 삶을 만들어가려 합니다!

범사에 감사하며 사랑하며 기뻐하면서 물처럼 자유롭게 대양을 향해서 지금 여기를 사랑하며 가는 존재입니다!

9월 1일 오전 9:15 2

**호연 한민수 코치** 호연지기빛을 당신에게 비춥니다^^
**상선약수 김혜영** 와~ 감사와 사랑, 기쁨과 자유로 행복한 삶을 만들어가시는 존재이시군요~ 축복합니다~ 갓블레슈 ^_^

9월 1일 오전 9:20

**멍석 연영주** 맘껏 드러낼 수 있도록 멍석을 깔아드리는 코치입...
A001.
저는 25년 동안 한 직장에서 천직인줄만 알고 지내왔습니다.
물론 단 한번도 후회한 적은 없고 감사하게 생각하고 지내고
있지만, 앞으로 다가 올 은퇴 이후 제2의 인생에 대해서
생각하게 되고 더 나아가 내가 정말 원하는 삶에 대해서 고민을
하게 되었습니다.

그러던 중에 제 인생에 단비와 같은 '코칭' 을 만나게 되었고
코칭에 대해서 공부를 하면 할수록 빠져 나올 수 없는 매력에
빠져들었습니다.

코치로써 많은 사람들에게 선한 영향을 주면서 내 자신이
만족하는 행복한 삶을 추구하고 있는 저는 '멍석'입니다.

'멍석'의 의미는,
저와 만나는 사람들이 맘껏 자신을 드러내고 그 멍석 위에서
본인의 강점을 찾고 목표를 실행하는 삶을 살 수 있도록 멍석을
깔아 드리는 멍석 연영주코치입니다.

9월 1일 오전 9:31 3

1개의 답글 더보기

**감사.사랑.축복합니다.안 남섭코치**
멍석 연영주코치 멍석님 반갑습니다.코칭을 만나신걸
축하드립니다.코칭의 파워를 믿고 도움이 필요한 고객을
돕는 멋진 코치로서의 삶을 응원합니다.

9월 1일 오후 4:58

**멍석 연영주** 맘껏 드러낼 수 있도록 멍석을 깔아드리는...
감사.사랑.축복합니다.안 남섭코치
감사합니다^^

9월 1일 오후 5:01

**옹달샘(Spring)_이흥원** that gives you a new hope...
멍석코치님께서 펼쳐 놓으신 멍석에 마주 앉아 많은
이야기를 나누고 싶어집니다^^

# Q
# 002

# 오늘은 당신에게 어떤 하루인가요?

A002

A002

A002

# 랜선코칭클럽 #001

**터프여걸 장윤정** 하반기 첫날~ 행복을 느끼며
A0002) 오늘은 뭔가 새롭고 기대가 되는 하루 입니다.^^
9월 2일 오전 8:33 1

**옹달샘(Spring)_이홍원** that gives you a new hope...
터프여걸 장윤정 기대에 걸 맞는 새롭고 즐거운 일이 선물로 배달되기를 기도합니다
9월 2일 오전 8:45

**호연 한민수 코치** 호연지기빛을 당신에게 비춥니다^^
터프여걸 장윤정 날마다 새롭고 기대가 되는 하루~*
저는 제 마음에 잔잔한 미동을 마주하고 있습니다 ㅎㅎ
아마도 어제 하이킹 운동으로 몸이 뭉친 듯 합니다 ㅋㅋ
9월 2일 오후 12:23

**터프여걸 장윤정** 하반기 첫날~ 행복을 느끼며
감사합니다.~ 오늘은 2시부터 사이버 수업을 앞두고 준비 중입니다. ^^
아들과 함께 아메리카노를 마시며 비가 오는 오늘 잠깐의 여유를 느끼고 있습니다.
9월 2일 오후 12:36

**힐러 조미선**
A002. 오늘은 깨어있는 나의 삶 가운데 처음 맞이하는 날이란 구절이 크게 와닿습니다. 감사합니다.
오늘은 새로운 행복과 신나는 일이 생길 것 같은 기쁜 날입니다.
9월 2일 오전 8:46 2

**옹달샘(Spring)_이홍원** that gives you a new hope...
힐러 조미선 힐러님의 깨어 있는 삶에 모든 것이 새로우며 기쁨이 가득하며 감사하고 행복한 오늘하루가 선물로 배달되었답니다^^

랜선코칭클럽 참가자들의 생생 댓글을 참고하세요!

**감사.사랑.축복합니다.안 남섭코치**
A002 하루씩 주어지는 선물 하루를 오늘도 감사와 기쁨을 주고받는 사랑에너지 넘치는 시간으로 살겠습니다.
9월 2일 오전 9:56 2

**호연 한민수 코치** 호연지기빛을 당신에게 비춥니다^^
감사.사랑.축복합니다.안 남섭코치 "오늘은 선물이군요."
<오늘>이라는 선물을 받은 우리는 감사하고, 기뻐하고 사랑하고, 그러한 에너지가 넘치는 하루로, 저도 살아가겠습니다.

**카르페디엠 노태성**
A002 오늘은 어제보다 조금 더 감사하고 즐거운 일이 가득한 하루입니다~~^^
9월 2일 오전 10:19 2

**호연 한민수 코치** 호연지기빛을 당신에게 비춥니다^^
카르페디엠 노태성 오늘은 더 감사하고 더 즐거운 하루이네요~ 그렇게 표현하니, 오늘 참 감사한 하루입니다. 감사해요~ 카르페디엠 노태성님~~

**향기_김미정**
A002..오늘은 저에게 리더로써 용기있는 대화를 해야하는 중요한 날입니다.
최근 이슈가 되고있는 코로나19로 인해 확진자가 많이 나온 지역에 회사가 있다보니 직원들의 불안함이 지속되고, 고객도 줄다보니 목표대비 성과 달성율이 바닥입니다.. 분기 말인 9월 전략을 정하고 소통하면서 우리의 현실을 다시 인지하고, 조직의 방향성, 우리가 해야할 모습에 대해 임팩트있게 소통해보고자 합니다..
9월 2일 오전 10:34 3

# Q
# 003

## 당신에게 가장 행복을 주는 대상은 어떤 의미이며, 그 대상에게 오늘 어떤 표현을 해보시겠어요?

**A003**

**A003**

**A003**

## 랜선코칭클럽 #003

**긍정해바라기_서희승** 진정성+평정심
A003.나에게 아들들이네요 ♡ 보고만 있어도 그냥 입가에 미소를 머금습니다. 고마워^^사랑해^^또 말해줘야줘~~
9월 3일 오전 9:03 5

**지혜 김성희코치** CEO책쓰기코칭
긍정해바라기_서희승 끌어당기는 자석이죠!
사랑그자체♡
9월 3일 오전 9:58

**향기_김미정**
긍정해바라기_서희승 아들이 행복이시군요..저에겐 아들이 음..음..그저 철없는 녀석인데..저도 관점을 바꿔보겠습니다.
9월 3일 오전 10:35

**호연 한민수 코치** 호연지기빛을 당신에게 비춥니다^^
긍정해바라기_서희승 행복이 뿜뿜하시네요^^

---

**힐러 조미선**
A003. 나에게 가장 행복을 주는 대상은 우리 귀염둥이 아이들입니다. 오늘은 아이들이 아무리 말을 안들어도 화를 참고 혼내지 않는 하루를 보내보겠습니다. 그리고 어제보다 더 많이 안아주고 사랑한다는 표현을 해주는 하루를 보내겠습니다.

향기 김미정님~
아름다운 음악들로 행복한 아침을 열어주셔서 감사합니다.
9월 3일 오전 9:09 5

**지혜 김성희코치** CEO책쓰기코칭
힐러 조미선 행복을 주울 한보따리 선물을 주는 아이들이지요~엄마는 포장지를 정리하는 것을 알려주기도 해야 하지요^^

랜선코칭클럽 참가자들의 생생 댓글을 참고하세요!

**옹달샘(Spring)_이홍원** that gives you a new hope in y...
나에게 행복을 주는 대상은 기쁠 때나 힘들 때나 때로는 마음에 상처를 주고 받을 지라도 항상 가까이서 함께하는 소중한 가족!! 피부와 같이 나를 보호해주는 마지막 보루♡ 부모님께 안부전화. 군에 있는 아들에겐 카톡. 아내와 딸과는 저녁을 함께하고 오랫만에 설겆이를 해야겠네요 ㅎㅎ
오늘 하루도 상처받은 치유자의 사랑에 감사하며
행복을 가득 담아 주위에 나누며 살아 가겠습니다!
9월 3일 오전 8:35 2

**호연 한민수 코치** 호연지기빛을 당신에게 비춥니다^^
옹달샘(Spring)_이홍원 네^^ 댓글에 먼저 올리는 이유는 경청, 소통, 공감하기 위함입니다. 감사합니다.
9월 3일 오전 8:39

**지혜 김성희코치** CEO책쓰기코칭
옹달샘(Spring)_이홍원 옹달샘의 샘물이 넘쳐흐르는 사랑을 맛봅니다~
9월 3일 오전 9:47

**멍석 연영주** 맘껏 드러낼 수 있도록 멍석을 깔아드리는 코치입...
A003) 저에게 가장 행복을 주는 대상은,
주저없이 하나밖에없는 딸 연우솔입니다.
이렇게 멍석을 깔아주시니 딸아이를 떠오르고 이야기를 봇따리를 꺼내놓게 되네요 ㅎㅎ
딸이 나에게 주는 의미는 삶의 동기부여를 해주는 의미인것 같습니다. 딸아이가 살아가는데 나침반 역할을 해줘야겠다는 생각에 내자신이 올바른 방향으로 생각하고 실천하게하는 가장 큰 힘이 되어줍니다.

딸아이에게 오늘은 사랑한다고 이야기를 해주고 싶습니다.
ㅎㅎ
9월 3일 오전 8:37 3

# Q
# 004

# 오늘 당신의 삶에 발전을 이룰 것은 무엇인가요?

A004

A004

A004

# 랜선코칭클럽 #004

**감사.사랑.축복합니다.안 남섭코치**
Q004 나의 삶에 발전을 이룰것은 우리의 공동체를 풍요롭게하고 책임을 다하는 분명한 삶의 목적을 가진 좋은 분들을 찾아 시너지가 날 수 있도록 연결하고 응원하는 것입니다.
9월 4일 오전 9:41 3

**호연 한민수 코치** 호연지기빛을 당신에게 비춥니다^^
**감사.사랑.축복합니다.안 남섭코치** 정말 멋지십니다. 삶의 소명에 따라 살아가시며, 끊임없이 발견하고 연견하고 응원하시는 삶, 최고이십니다!!
9월 4일 오전 11:12

**숲향—정혜연**
**감사.사랑.축복합니다.안 남섭코치** 와우 응원이 전해집니다 ^^

**옹달샘(Spring)_이흥원** that gives you a new hope in y...
A004 맡고있는 조직의 중단기 개편 방향에 대해 직원들이 변화의 필요성을 인식하고 한 마음으로 일하며 협력해야 함을 전달하기위한 자료 정리 하는 시간을 가질 것입니다.

오늘을 보내며
사람들 앞에서 이야기하고 의견을 전달하는 것에 점진적 발전이 이루어질 것에 감사합니다.

9월 4일 오전 9:45 4

**호연 한민수 코치** 호연지기빛을 당신에게 비춥니다^^
**옹달샘(Spring)_이흥원** 조직 사업의 변화와 협력을 위한 정리하고 전달하는 시간으로 크게 발전하시는 옹달샘 Spring 님을 엄청 응원합니다!!
9월 4일 오전 11:14

랜선코칭클럽 참가자들의 생생 댓글을 참고하세요!

**힐러 조미선**
A004. 코로나로 들쑥날쑥 방문했던 탁구장에 가서 운동을 하며 요즘 다스리지 못했던 마음을 차분히 가라앉히는 훈련을 해야겠습니다.
9월 4일 오전 10:02 3

**호연 한민수 코치** 호연지기빛을 당신에게 비춥니다^^
**힐러 조미선** 오오~ 저도 탁구 좋아해요^^ 가장 최애하는 운동 ㅎㅎ 나중에 한수 가르쳐주십시오. / 운동을 통해서 마음을 다스리는 것 또한 지혜이더라구요. 힐러님을 응원합니다^^
9월 4일 오전 11:23

**옹달샘(Spring)_이흥원** that gives you a new hope...
**힐러 조미선** 건강한 체력은 정신력이다~ 운동은 지금 이 순간에 집중하게 해주는 매력! 건강과 마음관리 모두 챙기시는 힐러님을 응원합니다

**소원 권세연**
A004 두둑히 잡히는 살들을 보며 받는 스트레스는 이제 그만! 운동계획을 짜야겠어요
9월 4일 오전 10:08 4

**호연 한민수 코치** 호연지기빛을 당신에게 비춥니다^^
**소원 권세연** 운동계획 + 운동실행도 추천드립니다^^; 저는 수영을 좋아해서 열심히 했는데, 코로나로 수영장 폐쇄, 그래서 사회적 거리두기가 되는 테니스장으로, 사회적2단계로 폐쇄, 다시 하이킹 자전거 타기로, 자전거가 부족하면, 달리기로, 날씨가 안좋으면 푸시업으로 집안에서 스트레칭으로 열씨미 나름 하는데, 천고마비의 계절이 벌써 왔어요 ㅋㅋ 살은 제가 운동하는 것보다 빠르게 움직이는듯요 ㅎㅎ;; / 소원님의 소원이 이루어지기를 간절히 소망합니다~

# Q
# 005

## 이번 한 주간
## 반드시 달성하고 싶은 것은
## 무엇인가요?

A005

A005

A005

# 랜선코칭클럽 #005

**카르페디엠 노태성**
A005 매일 아파트 계단 3번씩 오르기로 해보고자 합니다
계획만 세우고 실천을 잘 못하는데 우선 일주일간 하면서
습관화를 시켜보고자 합니다
9월 7일 오후 1:01 1

**浩然 한민수 코치** 호연지기빛을 당신에게 비춥니다^^
**카르페디엠 노태성** 아파트계단 오르기!!
굿아이디어입니다, 저는 11층인데 도전해볼까요? ㅎㅎ;
도전 성공, 알림 기다립니다^^
9월 7일 오후 2:20

**숲향—정혜연**
A005저는 이번주에는 저를 위해 온전히 쉬고 싶습니다
^^~~제일 우선으로 저를 돌보는 시간을 갖고 싶습니다
그리고 성경통독 95일 도전을 시작^^
9월 7일 오후 6:43 1

**浩然 한민수 코치** 호연지기빛을 당신에게 비춥니다^^
**숲향—정혜연** 와~ 온전히 쉼~ 쉬는 것도 잘
배워야(?)할 것 같아요^^; 온전히 쉬어가며 자신을
돌아보시는 숲향님~ 축복합니다~ 게다가
성경통독까지^^ 저는 한바퀴돌고 다시 레위기 지나고
있습니다

**나너우리 박희보**
#5일차
A005
누군가가 책을 보내왔네요~
이번주에 이 책을 완독하고 싶습니다. 책 제목은 "화해"

랜선코칭클럽 참가자들의 생생 댓글을 참고하세요!

**소피아_박소영**
육아 25일차 입니다. 지난주 까지 아기와 함께 생활패턴을 맞추느라 제 자신을 돌볼 겨를이 없었는데 이번주는 저를 위해 하루에 2시간은 투자해서 피부관리와 요가를 하고 싶습니다. 동안 엄마가 되기위해 ㅎㅎ 😀
9월 7일 오전 8:14 4

**지혜 김성희코치** CEO책쓰기코칭
**소피아_박소영** 와~우!!멋진엄마 코치님♡
9월 7일 오전 9:40

**힐러 조미선**
**소피아_박소영** 신생아인가보네요! 엄마의 매일 2시간 나를 위한 투자 응원합니다~
9월 7일 오전 10:12

**옹달샘(Spring)_이홍원** that gives you a new hope in y...
A005 이번주에 홈트레이닝 30분씩 6일 -> 허리띠 1cm 줄이기 ..할 수 있다!!! (마음 속에 품고 믿는 것은 이루어지게 마련이다)

9월 7일 오전 8:27 3

**힐러 조미선**
**옹달샘(Spring)_이홍원** 마음 속에 품고 믿는 것은 이루어지게 마련이다. 강력한 주문입니다. 홈트 화이팅!
9월 7일 오전 10:14

**浩然 한민수 코치** 호연지기빛을 당신에게 비춥니다^^
**옹달샘(Spring)_이홍원** 와~ 저도 동참하고 싶습니다^^;; "마음이 곧 나다" 허리띠 1cm 줄이기!! 응원드려요.
9월 7일 오전 11:01

# Q
# 006

# 당신의 강점 3가지는 무엇인가요?

A006

A006

A006

## 랜선코칭클럽 #006

**소원 권세연**
1.나는 리액션을 잘합니다
2.나는 책임감이 강합니다
3.나는 잘 웃습니다
9월 8일 오전 10:41 4

**숲향—정혜연**
소원 권세연 웃음이 멋지세요
9월 8일 오후 12:42

**浩然 한민수 코치** 호연지기빛을 당신에게 비춥니다^^
소원 권세연 오~ 리액션이 좋으시니 잘 웃으시죠^^
게다가 책임감까지!! 멋지세요!!
9월 8일 오후 1:06

**옹달샘(Spring)_이홍원** that gives you a new hope...
소원 권세연 없던 힘도 샘솟게 해주는 리엑션!!!
받아보고 싶네요^^

**감사.사랑.축복합니다.안 남섭코치**
A006 나의 강점을 들여다 보는 좋은 질문이네요.
1.개념화능력
2.지속하는 힘
3.포용적 성장마인드셋
9월 8일 오전 10:45 5

**숲향—정혜연**
감사.사랑.축복합니다.안 남섭코치 개념화와 지속적으로 하는 강점 본받고 싶습니다^^
9월 8일 오후 12:42

**浩然 한민수 코치** 호연지기빛을 당신에게 비춥니다^^
감사.사랑.축복합니다.안 남섭코치 개념화능력, 지속성, 포용성, 성장마인드셋, 삶으로 보여주셔서 감사합니다~

랜선코칭클럽 참가자들의 생생 댓글을 참고하세요!

**나너우리 박희보**
#6일차 A006
나의 강점은 소박한 감동에 있습니다.
나의 강점은 따뜻함에 있습니다.
나의 강점은 감사에 있습니다.
9월 8일 오후 2:34 3

**浩然 한민수 코치** 호연지기빛을 당신에게 비춥니다^^
**나너우리 박희보** 와~ 글 문장이 입에 착착 붙습니다~

나너우리 박희보 님의 강점은 소박한 감동이군요.
~님의 강점은 따뜻함이군요.
~님의 강점은 감사이군요.
9월 8일 오후 3:13

**상선약수 김혜영**
A006 1. 책을 좋아하고 모든 것에서 배우고자 하는 향상심
2. 사모하는 영성
3. 다른 사람들을 이해하고 장점을 보고 칭찬하려는
긍정적사고를 조금 가졌습니다. 강점을 찾아보기를 하려니
쑥쓰럽네요^^감사합니다!

9월 8일 오후 2:56 2

**浩然 한민수 코치** 호연지기빛을 당신에게 비춥니다^^
**상선약수 김혜영** 와~ 향성심이 정말 중요한 거 같아요.
인간에게는 영성이 필요하죠^^ 다른 사람들응 향한
긍정적 사고가 정말정말 필요합니다^^ 다시금
배웁니다~ 멋진 강점을 소유하셨어요
9월 8일 오후 3:15

**지혜 김성희코치** CEO책쓰기코칭
**상선약수 김혜영** 강점이 많으신 코치님!
쑥스러움보다는 향상심요♡

# Q
# 007

# 무엇이 보이나요?
# 주목하여 사랑으로 보아야 할 것은 무엇인가요?

**A007**

**A007**

**A007**

# 랜선코칭클럽 #007

**긍정해바라기_서희승** 진정성+평정심
A007. 나에게 항상 무덤덤히 응원해주는 남편을 사랑의 맘으로 주목해서 바야겠습니다. 당신과 나는 너무달라 제가 말하면 남편은 그래서 잘 맞는거다라고 하는데.... ㅎㅎ
정말 잘 맞는건지 오늘 사랑의 눈으로 바라보면서 관찰해보겠습니다.
9월 9일 오전 9:32 3

**浩然 한민수 코치** 호연지기빛을 당신에게 비춥니다^^
**긍정해바라기_서희승** ㅎㅎㅎ 달랐기에 더욱 응원해줄 수 있는 남편분이시네요^^ 긍정해바라기님이 사랑의 눈으로 바라보면, 남편분 더욱 신나시겠어요^^
9월 9일 오후 12:00

**향기_김미정**
**긍정해바라기_서희승** 남편분의 표현에 살짝 웃었습니다.
꼭 우리집 남편과 같아서요..
예전에 명품가방을 갖고싶었던 적이 있었는데..한 달을 조르다가 결국 남편 왈"니가 명품인데 명품이 필요해?"라고 해서 바로 명품가방을 포기했던 기억이 나네요..
남편은 남의 편이 아닌.. 아내를 명품으로 인정하는 멋 진 내 편이었습니다..~^^

**감사.사랑.축복합니다.안 남섭코치**
A007 모두가 힘들어하는 시기 새로운 활력을 회복하기 위해 희망을 포기하지 않고 묵묵히 자기역할을 하며 서로를 존중하고 배려하며 마음이 연결된 사람들이 보이네요.
그 힘으로 우리사회의 근원적인 변화가 필요한 사기네요.
9월 9일 오전 10:27 4

**浩然 한민수 코치** 호연지기빛을 당신에게 비춥니다^^
**감사.사랑.축복합니다.안 남섭코치** 정말 필요한 시기입니다. 아멘♡^^ (아멘이 절로 나옵니다)

랜선코칭클럽 참가자들의 생생 댓글을 참고하세요!

**숲향_정혜연**
A007 오늘 주목하여 사랑으로 보아야할 것은 저 자신입니다
실수하고 잘못했던 일들에 대해 들려오는 자책의 소리보다
사랑으로 소중하다고 토닥토닥
강점을 생각하며 존재에 대한 내면의 소리에
귀기울이겠습니다 ~~

9월 9일 오전 8:20 3

—— **3개의 답글 더보기**

**향기_김미정**
숲향_정혜연 오호..저도 저 자신인데..코치님과
통했네요..완전 신기한데요..오늘 저도 저에게
토닥토닥하렵니다~^^

**소피아_박소영**
오늘의 코칭 퀘스천을 읽으며 세상에서 소중한 저의 두
남자들을 최선을 다해 후회없이 사랑해야겠다는 마음이
드네요. 사랑으로 보니 아침부터 가슴이 말랑말랑 설레이네요!
^^

9월 9일 오전 8:32 3

**浩然 한민수 코치** 호연지기빛을 당신에게 비춥니다^^
소피아_박소영 꿀이 가득 흘러 넘치는 사랑~
축복합니다^^ 두 남자들 정말 좋겠네요 ㅎㅎ
9월 9일 오전 11:56

**향기_김미정**
소피아_박소영 두 남자..정말 공감가요..
저도 오늘 가족을 사랑으로 다시 볼께요.
아마도 더 깊은 사랑이 될 것 같아요
9월 9일 오후 1:10

# Q
# 008

## 올해 안에 꼭 이루고 싶은 목표는 무엇인가요? 그것이 이루어졌을 때, 나에게 최고의 보상은 어떻게 하시겠어요? 오늘은 그 목표를 향해 어떤 것을 실천해보시겠어요?

A008

A008

A008

# 랜선코칭클럽 #008

**바람코치 신은희**

A008 올해안에 꼭 이루고픈 목표는 '나와 친해지는 것' 입니다. 그러기 위해서 하루에 꼭 15분은 디지털기기가 아닌 종이책을 펼치고, 15분은 산책을 하고, 5분 이상 멍때리는 명상시간을 가져보겠습니다. 일주일 중 하루는 꼭 내가 좋아하는 일들로 채워보고, 몸건강을 위해 12시 이전에 자는 날의 비율을 한 달 30일 중 70프로 이상 올려보겠습니다. 무엇보다, 위에 열거한 모든걸 설사 지키지 못했더라도 애썼노라고 나를 먼저 안아주는 제가 되보겠습니다.

9월 10일 오후 9:19 4

**향기_김미정**

바람코치 신은희 우와...코치님의 목표 멋집니다..특히 멍때리기...가 끌리네요..최근 저도 해보고있는데..강추입니다..
나를 안아주는 토닥토닥...멋지네요..
응원합니다~^^

**힐러 조미선**

A008. 올해는 휴식이 목표였기에 오늘까지 버킷리스트의 많은 것들을 이뤄 감사합니다. 남은 4개월동안 5월에 시작한 탁구실력을 끌어올려 하수에서 벗어나기, 매주 독서 1권 읽기, 글쓰기, 업무 관련 공부를 하고 싶습니다.
보상으로 분위기 좋은 레스토랑에 가서 평소에 먹지 못한 요리를 먹고 싶습니다.

9월 10일 오후 10:00 4

랜선코칭클럽 참가자들의 생생 댓글을 참고하세요!

**힘찬 안순봉**
a008 많은 계획을 세우고 좌절을 겪은 탓에 ㅋㅋ
어떤 영화에서 나온 대사 처럼 "나는 한 놈만 팬다"
저는 저의 건강을 위해 푸쉬업 100개, 스쿼드 100개 입니다.
보상은 아마도 성공하는 순간 몸이 알겠죠. 다시 한 번 전의를 불태워 봅니다.
목표를 이루기 위해 정기적으로 운동하는 시간을 정해서 진행하고 있습니다.
9월 10일 오후 1:02 3

**浩然 한민수 코치** 호연지기빛을 당신에게 비춥니다^^
**힘찬 안순봉** 와!! 대단하세요! 푸쉬업100개 꿈의 숫자입니다. 요즘 저는 근육 스트레스가 와서 운동을 가볍게하고 있습니다... 근력이 생명입니다 ㅎㅎ

**옹달샘(Spring)_이흥원** that gives you a new hope in y...
A008 1.건강한 몸(2kg. 1in 더 줄이기)으로 활기찬 생활 누리기
2.마음: 도서1권 필사 (10월 말까지)
3.신앙: 서신서 필사(11~12월)
4.업무 : 조직개편을 성공적 완성하기.

*1.2.4번 오늘 계획한 활동 수행하기!

* 내가 나에게 주는 멋진 선물~
잃어버린 로트링샤프 재구매♡
9월 10일 오후 1:29 3

**浩然 한민수 코치** 호연지기빛을 당신에게 비춥니다^^
**옹달샘(Spring)_이흥원** 와우!! 활기찬 개인과 조직개편 성공적 완수 응원합니다~~
9월 10일 오후 2:44

# Q
# 009

# 하면 되는데
# 하지 않고 있는 일은
# 무엇인가요?

A009

A009

A009

# 랜선코칭클럽 #009

**나너우리 박희보**
A009
내 안에 있던 것을 드러내니 힘이 생기는 것 같습니다.
소논문을 위한 계획을 이번주에 수립하고자 합니다.
감사합니다.
9월 11일 오후 1:39 1

**옹달샘(Spring)_이홍원** that gives you a new hope...
**나너우리 박희보**. 계획한 일이 실행되어 기쁨이 가득하기를 응원하겠습니다^^
9월 11일 오후 2:03

**아하_한혜정코치**
Q009. 하면 되는데 하지 않고 있는 일은 아침 걷기입니다.
삶의 기본이 영적, 육적 건강인데 운동을 쉬고 싶은 마음의 유혹에 지고는 합니다. 오늘은 박차고 걷기를 실행했습니다.
도전하는 아침 감사합니다
9월 11일 오후 2:41 2

**옹달샘(Spring)_이홍원** that gives you a new hope...
**아하_한혜정코치** 건강을 위해 시작하는 힘을 내심을 축하드립니다^^ 매일 한 걸음 더 나아가는 코치님이 되시기를 응원합니다~

**바람코치 신은희**
A009. 하면 되는데 하지 않고 있는 일은 피곤할때 눈감고 쉬는것입니다. 24시간 디지털로 연결된 기분이라 넘 피곤하고 눈이 빡빡하네요. 그래도 코칭질문 볼때마다 이 생각에 온전히 집중할 수 있어 좋았습니다.

랜선코칭클럽 참가자들의 생생 댓글을 참고하세요!

**긍정해바라기_서희승** 진정성+평정심
A009.지인분께 연락해야지해야지 생각만하고 있었네요...오늘은 밝은 목소리로 전화드려보겠습니다^^
9월 11일 오전 9:26 3

**숲향—정혜연**
**긍정해바라기_서희승** 저도 연락을^^~~~
9월 11일 오전 10:11

**옹달샘(Spring)_이홍원** that gives you a new hope...
**긍정해바라기_서희승** 긍정에너지가 전파를 타고 흘러가겠네요 ^^

**상선약수 김혜영**
A009. 시필사는 잘 되고 있는데...독후감 쓰기를 못하고 있어요..책은 읽는데 막상 글을 쓰려면 힘들어지네요...오늘은 꼭 할 수 있길! 또 책이 올텐데...^^
9월 11일 오전 9:34 2

**숲향—정혜연**
**상선약수 김혜영** 화이팅^^저도 시낭송 도전하려고 하는데 ㅎ
9월 11일 오전 10:11

**浩然 한민수 코치** 호연지기빛을 당신에게 비춥니다^^
**상선약수 김혜영** 詩필사~ 하루에 한편씩 해보고 시네요. 순간 아이디어인데요. 詩필사 후 시에 대한 느낌을 짧은 독후감을 써보면 어떨까요? / 책을 많이 보시네요~ 화이팅요^^
9월 11일 오후 12:48

# Q
# 010

## 당신이 정말 가치 있는 삶이라고 생각하는 것은 어떤 삶인지 말씀해 주세요.

A010

A010

A010

## 랜선코칭클럽 #010

**감사.사랑.축복합니다.안 남섭코치**
A010 나에게 가치있는 삶이란
이세상에 온 목적을 붙들고 하루하루 감사와 기쁨을 주고받는
사랑에너지 넘치는 삶의 방식으로 하루하루 뚜벅뚜벅 살며
주변의 좋은
분들과 더 나은 세상을 위해 서로 힘을 주고
자기다운 삶을 살도록 돕고 지금 가진것 나누며 할 수 있는
만큼 만들어가는
일상이라고 생각합니다.

9월 14일 오전 10:26 4

**浩然 한민수 코치** 호연지기빛을 당신에게 비춥니다^^
**감사.사랑.축복합니다.안 남섭코치** 행복과 기쁨이 넘치는
일상을 삶으로 직접 몸소 보여주셔서 감사드립니다.
아브라함처럼 오래오래 건강하세요^^

**상선약수 김혜영**
며칠 이 질문을 스스로에게 하고 있었는데...오늘의 코칭
질문이라 깜놀입니다^^

가치있는 삶이란 각자의 가치관이 반영되는 중요한
일인데...내게 가치 있는 삶은 하나님 경외하면서 사랑하고
배우고 나누며 성화 되어 가는 삶입니다! 하나님 기뻐하는
삶으로 내면의 성령님 주시는 마음을 따라서 양심에 어긋나지
않게 평강 가운데 살아가고 싶습니다!
수척작주 입처개진! 지금 서 있는 이곳에서 깨어서 기쁘게
살아며 하나님께 영광 올리는 삶이 내겐 가치있는 삶으로
여겨집니다!

9월 14일 오전 11:54 3

**浩然 한민수 코치** 호연지기빛을 당신에게 비춥니다^^
**상선약수 김혜영** 양심이 말하는 대로 살아가면 평강,
기쁨이 가득할 뿐만 아니라 주변 사람들에게도 선한
영향력을 미쳐서 함께 행복과 기쁨을 노래하게 되죠~♬

랜선코칭클럽 참가자들의 생생 댓글을 참고하세요!

**향기_김미정**
A010. 정말 가치있는 삶이라고 생각하는 삶은...나는 명품이다..라는 마음으로 나를 아끼고 나에게 투자하며, 사랑하고 행복을 느끼는 것을 함께하는 이와도 상호 나누는것이 진정 가치있는 삶이라고 생각합니다.
내가 행복하면 그 에너지와 사람향기가 주변에도 하나 둘씩 전파된다고 믿습니다..
그래서 저는 요즘 의연함과 평정심을 가지고 상황을 직면하고, 저의 성장에 대한 진지한 성찰을 하고있는 중입니다. 덕분에 인사이트를 주는 좋은 분들에게도 연락드리고 만나게되구요.. 사람을 통해 에너지를 받으니..최고의 가치있는 삶을 누리고 있습니다.~^^
9월 14일 오전 8:17 4

**浩然 한민수 코치** 호연지기빛을 당신에게 비춥니다^^
**향기_김미정** 와~ 최고의 가치있는 삶!! 단 한단어 "사람" 때문이군요^^ (다르게는 '덕분에') "사람"의 가치로 사람들에게 명품 향기를 전하는 '향기 김미정'님~~~ 사랑, 행복, 상호나눔, 의연함, 평정심, 직면, 성장, 성찰, 좋은 만남~의 에너지가 가득하군요! 그 향기가 여기까지 전파해옵니다~ (점심시간 맛있는 음식의 향기에 취해서~ ㅎ)

**긍정해바라기_서희승** 진정성+평정심
A010.나에게 정말 가치있는 삶이란...배움을 통해 지식과 지혜를 얻어가고...지혜를 통해   타인의 행복과 성장을 도모해주는 일을 하는것..
9월 14일 오전 9:08 5

**浩然 한민수 코치** 호연지기빛을 당신에게 비춥니다^^
**긍정해바라기_서희승** 갑자기 도원결의가 떠올라요^^; 코치님의 배움, 지식, 지혜를 통해 행복해하는 분들이 해바라기밭에 함박웃음을 지으며 모여있네요!!

# 한결같은 마음으로 함께하다

Q011–Q020

# Q
# 011

## 당신을 매일 루틴 하게 하는 습관은 무엇인가요? 그리고 꼭, 갖추고 싶은 습관은 무엇인가요? 마지막으로 바꾸거나 없애고 싶은 나쁜 습관은 무엇인가요?

A011

A011

A011

# 랜선코칭클럽 #011

**숲향—정혜연**
A011
1.아침일찍 일어나는 것
매일 성경읽기
코칭글 공유
2.꾸준히 성실하게 미루지 않고 계획수행
긍정의 언어 비폭력대화 사용
3.미루는 습관

9월 15일 오후 6:49 1

**浩然 한민수 코치** 호연지기빛을 당신에게 비춥니다^^
**숲향—정혜연** 진짜 아침 일찍 개운하게 일어나고 싶습니다~~ 내일 도전!!

---

**카르페디엠 노태성**
1. 독서하는 습관
2. 칭찬에 인색한데 칭찬을 자주하기
3. 식탐: 먹는 재미를 멈출수가 없네요ㅠㅠ

9월 15일 오후 7:30 1

**浩然 한민수 코치** 호연지기빛을 당신에게 비춥니다^^
**카르페디엠 노태성** 독서하는 습관, 제가 배울점입니당. 칭찬은 잘 숙성하면 더 좋은 칭찬이 나오니까 더더 자주해요^^ 식탐 ㅠㅠ 먹고 싶을 때 많이 드세요^ㅠ^ 요즘 조금만 먹어도 남산입니다 ㅎㅎㅎ

---

**힐러 조미선**
A.011
1. 매일습관 : 6시 기상, 영어강의듣기, 감사일기, 아이들과 긍정확언 외치기
2. 갖추고픈 습관 : 평정심, 여유, 유머
3. 나쁜 습관 : 욱, 미루기

랜선코칭클럽 참가자들의 생생 댓글을 참고하세요!

**아하_한혜정코치**
A011
1.기본습관 : 감사로 시작하기.말씀 30분, 걷기30분, 스트레칭 20분
2. 간기 습관을 매일습관으로 하고 싶은 것: 매일 예배 아침과 저녁하기, 매일 글쓰기 30분
3. 줄이고 싶은 습관 : 일 만드는 것 줄이기, 몰아서 하지 않기
9월 15일 오전 10:02 4

**浩然 한민수 코치** 호연지기빛을 당신에게 비춥니다^^
**아하_한혜정코치** 감사하는 마음으로 하루를 시작하는 거 좋은 것 같아요~

**긍정해바라기_서희승** 진정성+평정심
A011.1)일어나서 스트레칭하기. 오늘하루일과 계획세우기.저녁에 일기쓰기
2)새벽5시 기상입니다
3)규칙적으로 밥먹는거요....요즘 밥먹는거보다 군것질로 끼니를 채우네요 ㅠ
9월 15일 오전 10:05 4

**옹달샘(Spring)_이홍원** that gives you a new hope in y...
1. 일어나자마자 기도하기.
수염이 깔끔하게 정리되듯 오늘하루 마음도 깨끗하게 정리되기를 바라며 면도하기. 거울 보고 웃어주기^^
가족 안아주기. 필사하기. 따뜻한 모닝 커피 한잔
2. 시작하면 될때까지 꼭 계획한 것을마무리 하기
3. 배부르면 그만! 욱 하더라도 아내와 상냥하게 대화하기!!
9월 15일 오후 12:11 5

# Q
# 012

# 만약, 오늘 신이 당신이 원하는 것을 선물로 준다면 어떤 선물을 받고 싶으신가요?

A012

A012

A012

# 랜선코칭클럽 #012

**긍정해바라기_서희승** 진정성+평정심
A012.건강한 육체와 물질적 부를 선물받고싶어요 ㅎ
요런것을 바탕으로 내가 하고자하는일에 더 즐겁고 행복하게 할 수 있을꺼같아요
9월 16일 오전 10:08 2

**浩然 한민수 코치** 호연지기빛을 당신에게 비춥니다^^
**긍정해바라기_서희승** 맞아요....!! 건강한 몸과 충분한 머니가 내가 할 수 있는 일을 더 힘차게 할 수 있게 하죠. 저는 어제 큰 맘먹고 적금통장을 하나더 만들었습니다. 어차피 그돈이 그돈이지만, 통장하나 만들었을 뿐인데, 세상이 참으로 아름다워보였습니다 ㅎㅎㅎ
9월 16일 오후 1:59

**옹달샘(Spring)_이홍원** that gives you a new hope...
**긍정해바라기_서희승** 팁 하나 추천해도 될까요? 건강한 몸 건강한 생활^^ 하루 만보.100원..돈이 되는 걷기운동 App을 활용해보셔요~ 티끌처럼 모아 커피 한잔 사먹을 때 기분이 좋아서 적어보았습니다.

**바람코치 신은희**
A012 현재에 만족하며 충분히 머무를수 있는 마음이요. 안분지족 하고픈데 늘 갈망하는 삶이라 분주해서요. 세상에서 가장 어려운게 '마음먹기'라고 하잖아요? ㅎ 그래서 그평온한 마음 원없이 먹어보고 싶어요.
9월 16일 오후 12:31 3

**浩然 한민수 코치** 호연지기빛을 당신에게 비춥니다^^
**바람코치 신은희** 님의 갈망하는 마음이 이 세상에 신선함을 불어넣어주고 있군요^^ "나의 갈망은~ 날알듯~ 온전히 아는 것~ 나의 갈망은 ~ 사랑하듯 ~ 사랑하는 것~♬" (This is my desire) 노래가 떠오릅니다~

랜선코칭클럽 참가자들의 생생 댓글을 참고하세요!

**카르페디엠 노태성**
A012
"넌 잘하고 있어~~~"
"수고했어~~"
라는 인정의 말 한마디가 필요한 시기인것 같습니다~~~^^
저부터 주변의 많은 이들에게 해야할 듯하네요~~^^
9월 16일 오전 7:16 2

**숲향—정혜연**
카르페디엠 노태성 잘하고 계셔요
멋지시네요^^

9월 16일 오전 9:51

**긍정해바라기_서희승** 진정성+평정심
카르페디엠 노태성 잘하고 있고요 수고하셨습니다 ^^
9월 16일 오전 10:03

**浩然 한민수 코치** 호연지기빛을 당신에게 비춥니다^^
카르페디엠 노태성 님~~~ 오늘도 참 잘하고 계시군요!!
^^

**터프여걸 장윤정** 하반기 첫날~ 행복을 느끼며
A012 여행가고 싶습니다.~~ 일년에 한번은 여행가고
싶습니다.
9월 16일 오전 8:03 1

**긍정해바라기_서희승** 진정성+평정심
터프여걸 장윤정 여행 저도 가고싶네요~~

# Q
# 013

**당신의 마음이 가장 힘들 때,
무엇이 가장 먼저 떠오르세요?
힘듦을 극복하는 당신만의
방법은 무엇인가요?
다시 그 상황을 직면하게
되면 당신 스스로에게 뭐라고
얘기해주고 싶으세요?**

**A013**

**A013**

**A013**

# 랜선코칭클럽 #013

**나너우리 박희보**
A013
1) 늘 힘들 땐 움추려 들었던 것 같습니다. 숨을 공간을 찾았습니다.
2) 아무도 없는 구석진 공간에서 그냥 그렇게 견뎠습니다.
3) 이제 나이를 먹으니 견딜 수 있는 힘이 생겼네요~ 그냥 참 장하다~ 격려해 주고 싶습니다.
9월 17일 오후 9:30 1

**浩然 한민수 코치** 호연지기빛을 당신에게 비춥니다^^
**나너우리 박희보** 함께 토닥토닥하는 마음을 보냅니다. "내 안에 울고있는 아이가 있어요"라는 책도 있었는데.. 박희보 님의 글에서 수많은 세월의 견딤을 잠시 느낍니다. 참 장하십니다~ 위로와 격려가 이 밤에 더욱 가득하길 기원합니다.

**지혜 김성희코치** CEO책쓰기코칭
A013
1,내마음이 힘들때 잠시 멈춘다. 그리고 생각한다. 해결된 상태를~
2, 첫째 잠시 멈춘다.둘째 현실 파악한다
그리고 정리한다.
3,이렇게 쉽고 간단한데, 그땐 왜 이렇게 힘들었을까?

**카르페디엠 노태성**
A013
1. 나를 사랑하시고 위로자 되시는 하나님
2. 기도와 말씀으로 해결하고자 함~~
3. 차분하게 잠잠히 기다리자~~
9월 17일 오후 9:40 1

랜선코칭클럽 참가자들의 생생 댓글을 참고하세요!

**힐러 조미선**
A013.

1. 내 마음이 가장 힘들 때 강인하게 헤쳐나가셨을 부모님이 떠오릅니다.
2. 힘듦을 극복하는 나만의 방법은 "그래도 이겨내야지, 나는 할 수 있어!" 라고 자기암시를 하며 나 스스로를 북돋습니다. 긍정과 감사 훈련을 하고 있는 중인데 감사일기를 쓰거나 자기치유에 관한 자기계발서를 읽습니다. 또 나를 사랑해주는 사람들과 통화하거나 만나서 자기애를 회복합니다.
3. 다시 상황에 직면하게 되면 내가 나에게 "여기까지 온 것만으로도 대단한거야. 그동안 잘 버텼어. 앞으로도 쉽지 않을테지만 좋은 일이 많이 생길거란다. 기운내~"

9월 17일 오전 8:20 2

**웅달샘(Spring)_이홍원** that gives you a new hope...
**힐러 조미선** 감사하는 마음은 사랑을 불러오고 힘을 줍니다.
"여기까지 온 것 만으로도 대단한거야. 그동안 잘 버텼어. 앞으로도 좋은일이 많이 생길 거란다.기운내~"
눈을 감고 조용히 자신을 안아주며 지금 얘기해주세요.
밴드를 열자 제일 먼저 보이기에 댓글 쓰며 힘을 받아 일을 시작합니다

**터프여걸 장윤정** 하반기 첫날~ 행복을 느끼며
A013
1) 가장 힘들때 아들이 생각납니다.
2) 계속 걷습니다.
3) 이제는 면역이 생겨서 괜찮다.
윤정아~겁먹지 말자... 해낼수 있다^^

9월 17일 오전 8:25 4

**浩然 한민수 코치** 호연지기빛을 당신에게 비춥니다^^
**터프여걸 장윤정** 아들이.최고죠^^ (제 어무이도 그렇게 말합니다 ㅎㅎㅎ ㅋㅋ웃고 가시라고)

# Q
# 014

# 당신을 가슴 뛰게 하는 것은 무엇인가요?

A014

A014

A014

# 랜선코칭클럽 #014

**상선약수 김혜영**
A014 나를 가슴 뛰게 하는 것은?
1. 파란 바다 푸른 하늘
2. 새롭게 배우는 강의들
3. 새로운 만남—지금 매일 어떤 질문이 올라올까 가슴이 뛰어요~~^^

9월 18일 오전 9:07 1

**浩然 한민수 코치** 호연지기빛을 당신에게 비춥니다^^
**상선약수 김혜영** 오늘 참 푸른 하늘이었어요~ 오늘만 같아라~ 푸른 하늘 같은 마음이 제안에 가득하기를~

**긍정해바라기_서희승** 진정성+평정심
A014.새로운 도전을 시작하고 성취를 하나하나 햐갈때 가슴이 뛰고 오늘 너무 화창하고 맑은 하늘을보니 기분이 좋아 가슴이 뛰네요^^
9월 18일 오전 9:20 2

**옹달샘(Spring)_이홍원** that gives you a new hope...
**긍정해바라기_서희승** 오늘은 오랜 만에 파란 하늘 하얀 구름 모든것이 새롭네요. 그 마음으로 새로운 도전을 하고 성취하시는 코치님 멋져요~

**감사.사랑.축복합니다.안 남섭코치**
A014 나를 가슴뛰게하는 것은?
1.10년후 2030 목표
2.감사하우스정원의 피어있는 꽃들
3.이번주말 동네에 새로 오픈될 플라워책카페
꽃 책으로 피다.

랜선코칭클럽 참가자들의 생생 댓글을 참고하세요!

**멍석 연영주** 맘껏 드러낼 수 있도록 멍석을 깔아드리는 코치입...
A014
저를 가슴뛰게 하는것은,

현재로서는 코칭전공 석사과정 공부가 배움에 대한 욕구를
충족시켜서 가장 가슴뛰게하는 요인인줄 알았었는데.....

매일 주어지는 '코칭퀘스천' 미션을 설레이는 마음으로
기다리는 모습을 보면,
요즘 가장 가슴뛰게 하는것은 코칭퀘스천입니다. 좋은분들과
함께해서 더욱 설레이는거 같네요^^
9월 18일 오전 7:42 4

**숲향—정혜연**
**멍석 연영주** 저두 이제는 기다리네요^^
9월 18일 오전 7:49

**옹달샘(Spring)_이홍원** that gives you a new hope...
**멍석 연영주** 와우 코칭석사과정 열공하시는 코치님의
열정~ 부럽습니다^^

**숲향—정혜연**
A014
저를 가슴뛰게 하는 것은
1.사춘기 아이의 엄마를 부르는 소리의 톤변화
2.그립던 이에게 온 카톡소리
3.새로운 아이디어가 떠오를때

9월 18일 오전 7:52 3

**소원 권세연**
**숲향—정혜연** 아 2번 설레요ㅎ
9월 18일 오후 2:21

# Q
# 015

## (우리 다 함께 마음으로 들어요)
## 초록 식물이 당신에게 특별히 말하고 싶은 게 있다고 해요. 뭐라고 하나요?

**A015**

**A015**

**A015**

# 랜선코칭클럽 #015

**소원 권세연**
A015 나를 있는 그대로 바라보렴. 뭘 더 만들려고 하지말고 그냥 쉬다가렴~
9월 21일 오후 1:22 1

**浩然 한민수 코치** 호연지기빛을 당신에게 비춥니다^^
소원 권세연 있는 모습 그대로 나를 바라보듯, 나 자신도 그렇게 그렇게^^

**浩然 한민수 코치** 호연지기빛을 당신에게 비춥니다^^
초록식물들이 저에게 합창을 해요~^^
"잘하고 있어요~♬ 잘하고 있어요♬ 오늘도 내일도 지금처럼 최선을 다하는 당신이 멋져요^^ 힘들 땐, 쉬어가도 괜찮아요."

**긍정해바라기_서희승** 진정성+평정심
A015.항상 널 지켜보고 있어서~~항상 나에게 좋은말해줘서 고마워(제가 초록이들한테 자주 말을 건냅니다 ㅎ)오늘은 더 좋은일이 생길꺼야~~너 자신을 믿고 화이팅!!이라고 말해주네요 ^^
9월 21일 오전 8:07 4

**浩然 한민수 코치** 호연지기빛을 당신에게 비춥니다^^
긍정해바라기_서희승 오~ 오늘은 더 좋은 일이 생깁니다~ 긍정해바라기님 화이팅!!

랜선코칭클럽 참가자들의 생생 댓글을 참고하세요!

**덤덤 이영실(멘탈코치)**
A015
초록을 누리며 여유롭게 쉬어가세요
곧 무성하게 열매 맺을거에요~~^^

9월 21일 오후 6:08 2

**옹달샘(Spring)_이홍원** that gives you a new hope...
멘탈코치 이영실 초록이 풍성 한 나무 옆 의자에서
쉬노라면 ~~ 시원한 바람이 나뭇잎과 이야기하는
소리에 푹 빠져들을 것 같습니다 ㅎ ㅎ

**옹달샘(Spring)_이홍원** that gives you a new hope in y...
풍족하게 물과 영양분을 주지 말아주세요. 어느 정도의
부족함을 느껴야 수분을 적극적으로 보충하여 메마른 시기를
버틸 수 있답니다.
또한, 그 기간을 보내야 은은한 향기를 널리 퍼뜨릴 꽃을 피울
수 있 어요.
지금의 힘듦과 어려움이 장차 다가올 기쁨과 행복의 열매를
옹글게하는 시간이니 감사하며 그 날을 사모하세요^^

# Q
# 016

## 오늘 하루,
## 떠오르는 생각이 말풍선이
## 되어 모두에게 보인다면?

A016

A016

A016

# 랜선코칭클럽 #016

**상선약수 김혜영**

A016 특새의 은혜로 기쁨 가득한 날들 만들어가길..
일대일 마쳐서 숙제 하나 끝난 가벼운 맘으로 오늘도 즐겁게 보내자!

쑥부쟁이 위에 앉은 나비의 여유있는 모습처럼~~~^^

9월 22일 오전 11:57 1

**浩然 한민수 코치** 호연지기빛을 당신에게 비춥니다^^
**상선약수 김혜영** 우와.. 꽃인가요~ 나비인가요~
상선약수 김혜영 님요~~~^^
9월 22일 오후 12:44

**나너우리 박희보**

A016 일상과 다른 생활과 행동은 조금 긴장과 불편함을 줄 수는 있지만 내 안의 또다른 나를 만날 수 있는 기회도 되는 것 같아요~

9월 22일 오전 11:15 2

랜선코칭클럽 참가자들의 생생 댓글을 참고하세요!

**멍석 연영주** 맘껏 드러낼 수 있도록 멍석을 깔아드리는 코치입...
A016 "사랑해"

어색한 표현이지만 용기내어 풍선을 띄어봅니다 ㅎㅎ

9월 22일 오전 10:20 2

**浩然 한민수 코치** 호연지기빛을 당신에게 비춥니다^^
멍석 연영주 와우! 엄청난 완전한 말풍선이에요^^
(내면에 사랑이 참 많으시군요^^)

**옹달샘(Spring)_이홍원** that gives you a new hope in y...
A016. . 될일은 된다 ㅎㅎ^^

염려는 걱정인형의 몫이니,
염려 말고 원하는 것을
구하라. 찾아라. 누려라♡

9월 22일 오전 10:59 2

**浩然 한민수 코치** 호연지기빛을 당신에게 비춥니다^^
옹달샘(Spring)_이홍원 "될일은 된다" 책제목!! 걱정은 걱정인형에게^^ 동행은 동행인형에게~
9월 22일 오후 12:27

**카르페디엠 노태성**
"감사해~~"
요즘 감사한 마음을 잊고 살아가고 있는 것 같네요^^;;;;;
9월 22일 오후 12:57 2

# Q
## 017

# 당신이 기다리는 소식은 무엇인가요?

**A017**

**A017**

**A017**

# 랜선코칭클럽 #017

**소피아_박소영**
코로나가 종식되어서 우리 아가와 맘편히 외출해서 파란하늘을 볼수있기를 기다립니다. ^^ 또한 11월 이사가는 집에서 새롭게 시작하게될 생활이 기다려집니다. 그러기 위해서 이것저것 챙겨야할일들이 많은데 육아로 정신이 없지만 오늘부터 to-do 리스트를 작성해서 하나씩 해보겠습니다.
9월 23일 오후 4:17 3

**옹달샘(Spring)_이홍원** that gives you a new hope...
**소피아_박소영**
9월 23일 오후 5:09

**浩然 한민수 코치** 호연지기빛을 당신에게 비춥니다^^
**소피아_박소영** 오.. 신기하네요. 여기에 이사관련 말씀들이 벌써 세 번째, 새롭게 시작하는 곳에서 행복과 사랑이 더욱 가득넘치겠네요~

**긍정해바라기_서희승** 진정성+평정심
A017.저도 코로나 종식되어 일상의 삶 복귀라는 뉴스를 듣고싶어요...마스크 잘쓰고 사회적 거리 잘 지키기입니다.
9월 23일 오전 8:35 2

**浩然 한민수 코치** 호연지기빛을 당신에게 비춥니다^^
**긍정해바라기_서희승** 오늘의 빅뉴스! 오늘의 진짜 굿뉴스입니다 "코로나19가 UN 및 국제백신연구소 연구진에 의해서 NASA와 협력하여 우주정거장에서 우주 공간으로 방출되면서 태양의 전자자극으로 인해 모두 박멸되었습니다!!", "인류사에 엄청난 업적입니다", "다만, 지구 인류 여러분 감기, 독감, 메르스 등 다양한 바이러스의 공격은 인류의 면역력 성장과 함께하고 있습니다. 모두 손씻기, 기침예절 등 우리 삶에 익숙해진 방역관리에 습관처럼 지켜주십시오. 오늘은 인류사에서 가장 행복한 날입니다. " ^&^

랜선코칭클럽 참가자들의 생생 댓글을 참고하세요!

**힐러 조미선**
A017.
제가 지금 가장 기다리는 소식은
코로나가 지구상에서 사라졌다는 소식입니다. 어린이집에서 종일 마스크를 쓰고 생활하는 두 딸이 가여워요. 코로나 종식을 위해  애쓰시는 분들, 코로나 피해로 힘든 모든 분들을 위해 기도합니다.

저도 힐링하시라고 동네 사진 올려봅니다~

9월 23일 오전 7:43 4

**浩然 한민수 코치** 호연지기빛을 당신에게 비춥니다^^
**힐러 조미선** 자연풍경 사진에서 평화가 느껴집니다. 어서 코로나가 사라지고, 모든 어린이들이 함박웃음으로 웃는 소리가 동네에 가득 퍼지는 그날이 어서어서 오기를!!

# Q
# 018

## 당신이 지금까지 살아오면서 삶을 통해 얻게 된 교훈은 무엇인가요? 그 교훈을 현재의 삶에 어떻게 적용하고 있나요? 또한 앞으로 어떻게 적용할 예정인가요?

A018

A018

A018

# 랜선코칭클럽 #018

**긍정해바라기_서희승** 진정성+평정심
A018.1)뿌린대로 거둔다(말,행동,성과)
2)모든일에는 인과의 법칙이 있어 내가 노력한 만큼 성장하며 눈으로 보이지 않는 말과 생각도 긍정적으로 전달하려합니다
3)성실히 묵묵히 긍정적으로 생각하고 행동하겠습니다^^
9월 24일 오전 8:44 2

**소원 권세연**
**긍정해바라기_서희승** 2번 저도 명심해야겠어요^^ 긍정!
9월 24일 오전 9:36

**옹달샘(Spring)_이흥원** that gives you a new hope...
**긍정해바라기_서희승** 긍정의 씨앗을 무의식 속에 꾸준히 심어 보겠습니다~~

**향기_김미정**
A018.
A1) 내마음챙김...을 통해 착(집착)내려놓은 연습을 하고 해보니 내마음이 힘듬이 덜하고 마음이 풍요로워지며, 삶이 행복을 느낍니다.
A2) 가족에게는 함께하는 내 삶과 내마음이 행복하고 그들의 마음도 행복했으면 ...라고 표현합니다..어제는 가족과 맥주 한 잔하면서 내마음을 얘기하니, 행복해보여서 좋아요...라고 해주어 내 진심이 전해진 것 같아 더 좋았습니다.~^^
직장에서는 직원들을 섬세하고 보려고 합니다. 특히 표정 등을 보면서 그날의 컨디션도 바라보고, 소통도 꼭 전직원과 하루에 한번 씩 이야기를 주고 받습니다. 어떤 직원은 막 와서 자기 성장을 진지하고 털어놓고, 또 어떤 직원은 그날 있었던 일들을 미주왈 고주왈 얘기하며 속내를 털어놓습니다. 제가 하는 건 그냥 들어주고 공감해주고 마음챙기라고 얘기해주는 것 밖에 없는데...그게 상호 역동이 일어나는 걸 느껴서 행복합니다.
A3) 앞으로는 가족에게 지 좀 더 많은 사랑표현을 하고 마음을 알아주겠습니다. 직원들에게는 마음챙김을 더 많이 전파하겠습니다.

랜선코칭클럽 참가자들의 생생 댓글을 참고하세요!

**소원 권세연**
1)꼭 완벽하려 할 필요는 없다
2)완주하지 못 할것 같아 지레 겁먹고 시작도 안할때가 많았는데 일단 시작해보려고 하고 있어요
처음에 얼떨결에 랜선코칭클럽에 들어왔다가 100일 내가 어떻게 성공하겠어 라고 겁먹었었는데 일단 하는데까지 해보자 생각하며 하루 한계단 한계단 올라가는 재미가 있어요
감사합니다
3)천리길도 한걸음부터라는 마음으로 급하지 않게 차곡차곡 쌓아보겠습니다
9월 24일 오전 9:42 2

**浩然 한민수 코치** 호연지기빛을 당신에게 비춥니다^^
**소원 권세연** 한계단 한계단 올라가는 재미가 쏠쏠하죠^^
저는 우보천리라는 말을 좋아하는데, 소걸음 처럼 우직하게 천천히 가다보면 어느덧 원하는 곳에 도착해 있음에 놀라게 됩니다. 소원 권세연님은 완벽하려 하실 필요없어요^^ 이미 완전한 존재이시니까요^^

다함께 완주하는 그 날이 올거에요.
지금처럼, 관심의 끈을 놓지 않으시면 되어요.
30일, 50일, 70일, 100일이라는 것은 보이는 목표/비전이구요.

원대한 비전은 #랜선코칭클럽, 즉 코칭 커뮤니티의 지속적인 성장과 배움, 함께함입니다.

**카르페디엠 노태성**
1. 정직이 최선이다
2. 한번의 거짓말이 결국에는 돌이킬 수 없는 상황을 만들기도 하지만, 정직하게 함으로써 신뢰를 얻게되는 경우가 많습니다~
3. 정직하게 한걸음씩 뚜벅뚜벅~~
9월 24일 오전 10:21 4

# Q
# 019

# 당신의 인생에서 바꾸고 싶은 세 가지는 무엇인가요? 그럼에도 불구하고 이 세 가지에 감사할 이유를 각각 한 가지씩 적어보세요.

A019

A019

A019

# 랜선코칭클럽 #019

**浩然 한민수 코치** 호연지기빛을 당신에게 비춥니다^^
A019.
(1) 만약, 2008년에 캄보디아로 파견을 받지 않았다면, 지금의 나처럼 사람을 소중하고 중요하게 여기지는 못했을 것이기에, 아픔도 있지만, 아픈 가운데 성장해서 감사합니다.

(2) 만약, 2012년에 이직하지 않았더라면, 안주하며 비전을 향해 나아가지 못했을 것이기에 과감한 도전을 한, 스스로에게 칭찬하며 격려합니다.

(3) 만약, 2017년에 임팩트가 없었다면, 나는 나 답게 살지 못하고, 주변 눈치보며, 그냥 그렇게 살았을 것이기에, 지금의 나로 성장한 나를 위로하며 격려합니다.

오늘, 질문 참 오묘합니다^^ 좋은 질문 감사합니다~~
9월 25일 오후 3:11 2

**바람코치 신은희**
호연 한민수 코치 제가 요즘 많이 느끼고 생각하는 부분이라서요💜💜 오묘하게 느끼셨다니 더 좋기도 하구요ㅎㅎ 이렇게 또 잘 찾아내시고 적용하시니 역시 코치님이라는 생각도 듭니다💜

**터프여걸 장윤정** 하반기 첫날~ 행복을 느끼며
1. 힘든 시기에 먹고 살수 있게 버틸수 있게 해주셔서 감사합니다.
2. 아들이 유치원을 잘 다니게 해주셔서 감사합니다.
3. 다시 공부를 할수 있게 해주셔서 감사합니다.

올해 잘 마무리 되었으면 좋겠습니다
~~
9월 25일 오후 12:46 2

랜선코칭클럽 참가자들의 생생 댓글을 참고하세요!

**바람코치 신은희**

A19)

1. 내 인생에서 바꾸고 싶었던 세 가지

- 소심한 성격
- 통통한 몸매
- 남편

2. 그럼에도 감사한 이유

-소심한 성격: 때문에 남한테 부탁을 잘 못하고 잘 들어주다보니 상담도 점점 사례가 늘고, 혼자 해내는 일도 점점 늘어났다. 소심하니까 더 신중하고 더 디테일하게 매사 접근해서 남에게 상처를 주는 일이 드물다. 덕분에 일복이 터졌다.

- 통통한 몸매: 가 못내 싫었는데, 덕분에 첫인상이 부드럽고ㅎ 맛집지도를 그리고 다니니 사람들이 내게 붙는다ㅎ 통통하고 살집이 좀 있어야 벨리댄스할때 움직임이 더 잘 보이고ㅎ 아이들도 엄마가 포근하다고 좋아한다.

- 남편: 은 쓸까말까 고민됐다. 바꿀 정도인가? 싶었기 때문이다. 그래도 쓴 이유는 지난 10년간 솔직히 점차 싫어졌었는데 요즘은 감사하기 때문이다. 가끔은 날 더 많이 사랑하던 다른이와 결혼했다면 어땠을까?도 생각하지만...그럼 지금처럼 넘 이쁜 우리애들이 안나왔을것이다ㅎ 또한 나와 너무 다른 그가 옆에 있기에 내가 부족한 부분이 채워진다. 이젠 상호보완이 되는 그에게 감사하다.

9월 25일 오후 4:11 3

**浩然 한민수 코치** 호연지기빛을 당신에게 비춥니다^^

**바람코치 신은희** 감동입니다~~~*

9월 25일 오후 5:57

**아하_한혜정코치**

**바람코치 신은희** 와우.매력덩어리 신코치님 낭군님 복 받으신거예요♡

9월 25일 오후 10:48

# Q
# 020

## 10년 전에는
## 무슨 일이 있었나요?
## 5년 전에는 어떤 중요한 일이
## 있었는지 기억해보세요.
## 현재는 어떻게 살고 있나요?
## 앞으로 10년 후에는 어떤 일을
## 기대하나요?

A020

A020

A020

# 랜선코칭클럽 #020

**긍정해바라기_서희승** 진정성+평정심
A020.2030년 9월28일  따뜻한 햇살쬐면서
오늘의 스케쥴을 바라보면서 흐뭇한 표정을짓고  맛난점심을 먹은후 강연을 하러 방송국으로 향하고 있을것 같네요^^
홍보를통해서 유명한 코치가 아닌 사람들입소문을 통해통해 간판없는 맛집같이 코칭맛집을 운영하는 코치로서 인생의 한역사를 쓰고있을것 같습니다^^

**옹달샘(Spring)_이흥원** that gives you a new hope in y...
A020
2000년 결혼 1년 차...아들이 태어나 온가족어게 기쁨을 주었습니다.

2010년 회사에서 열심을 다해 일을 하며  보내어진 삶의 자리에서 회사와 직원들 함께 성장해 가고 있었네요. 다른 어려움들도 많았을 텐데  기억이 나지 않는 것을 보면  그 모든 것이  순리를 따라 되어져 갔고, 그 경험들을 통해 조금씩 성장해 왔나 봅니다.

2030년 후배들에게  본이되기에 힘써온  한 회사에서의 35년 생활을 마무리하고   조직구성원들의 삶에 새 희망과 에너지를 주는 비지니스/라이프 코치로 기여를 하고 있네요.

**터프여걸 장윤정** 하반기 첫날~ 행복을 느끼며
2030년 회사에서는 관리자가 되어 있을거같습니다.
아들은 이제 중3 사춘기 이겠죠?!

이런 걸 생각하다보면 하루하루 잘 생활해야 겠다는 생각이 듭니다.
9월 28일 오전 10:48  2

랜선코칭클럽 참가자들의 생생 댓글을 참고하세요!

**浩然 한민수 코치** 호연지기빛을 당신에게 비춥니다^^
A020. 호연지기코치 답변.
2030년 9월 28일 일기:
오늘 가족, 자녀, 친지, 동료(국내외) 등 7천여명이 용인 **랜드에 모여서 (전체 렌트를 하거나, 코칭랜드 구축) 2박 3일 동안 코칭놀이터, 컨퍼런스, 페스티벌 등을 진행했다. 향후 전(全)지구적 코칭사업을 전개할 방향을 설정하고, 12개국에 12명씩 코칭팀으로 파견하는 것을 확정하고 나니 25년 전 KFHI 회장님의 2030 비전에 일조할 수 있음에 ∞께 감사하게 된다. 또한 초대이사장님을 선임하고, 코치형인재 육성을 위한 Coaching University 를 발족했다. 그동안 이러한 역사를 이룰 수 있도록 함께한 "세상을 바꾸는 코칭" 참가자&코치, "코칭프렌즈" 멤버, "독서코칭모임" 참가자, "랜선코칭클럽" 멤버, "코칭패밀리" 가족, "코칭소사이어티" 사회적인사 등등 에게 감사패를 전달하며, 행복과 감사를 전했다. 나는 앞으로 작은 소임을 받아서 그 역할과 책임을 다할 것을 생각하니 미소가 절로 지어진다. 오늘 밤 이렇게 배우자 자녀, 가족들과 행복을 나누고 있으니, 지난 30년의 시간이 주마등같이 스쳐 지나간다. "모든 겸손과 온유로 하고, 오래참음으로 서로 용납하며 사랑하라"는 말씀이 나를 붙잡아준다. Enthusiasm.
2030년 9월 28일 호연지기 코치

9월 28일 오후 12:56 5

6개의 답글 더보기

**浩然 한민수 코치** 호연지기빛을 당신에게 비춥니다^^
**향기_김미정** 감사패에서 빵터짐요^^ 진행요원께서 행사부스까지 하시면 너무 바빠서 안됩니다. 이날 피날레 페스티벌에서 낭랑한 목소리로 사회봐주셔야죠!!!^^

9월 28일 오후 4:55

**浩然 한민수 코치** 호연지기빛을 당신에게 비춥니다^^
**힘찬 안순봉** 한 열 자리 드려도 되죠?^^ 예약 감사해요~!

9월 28일 오후 5:02

# 삶의 자유를 만끽하다

Q021–Q030

Q
021

# 당신을 기분 좋게 만드는 일을 7가지 이상 써보세요.

A021

A021

A021

# 랜선코칭클럽 #021

**옹달샘(Spring)_이흥원** that gives you a new hope in y...
1. 아침에 출근하기 위해 양복을 차려 입고 거울을 보는것. 참 멋있군^^
2. 향긋한 모닝 커피
3. 염색을하지 않기로 마음먹고 ~희어져가는 머리를 보는 것 Going gray
4.가족과 함께하는 모든 것(산책.식사.공연관람~)
5.어려울 때 조언을 주시는 분과의 대화
6.편안히 집에서 쉴 때.(거할 처소를 잘 마련케 하소서)
7. 음악을 들을 때(베토벤 .CCM. 찬송~)

9월 29일 오전 8:14 3

**바람코치 신은희**
옹달샘(Spring)_이흥원 1번 말씀을 보니 문득 프사 앞 모습이궁금해집니다ㅎ

**카르페디엠 노태성**
1. 아침에 3살 아들이 깨우면서 눈앞에서 웃고 있을때
2. 출근을 할 때
3. 사무실 도착해서 커피한잔으로 시작할때
4. 누구든 나에게 조언을 구할때
5. 프로젝트가 잘 마무리 될때
6. 퇴근을 할때
7. 가족과 함께 모여 하루를 마무리 할 때

9월 29일 오전 8:31 4

**바람코치 신은희**
카르페디엠 노태성 3살 아드님😍넘 귀엽겠어요~~~저도 언젠가 코치님께 조언을 구해봐야겠네요😉

9월 29일 오전 8:58

랜선코칭클럽 참가자들의 생생 댓글을 참고하세요!

**상선약수 김혜영**
1. 하늘에 이쁘게 흘러가는 구름 볼 때
2. 숲이 우거진 곳에 햇살이 비치는 곳을 산책할 때
3. 파란 바다를 바라볼 때
4. 이쁜 꽃 발견했을 때
5. 도서관 모퉁이에서 초록빛 나무 보면서 좋아하는 영적 독서할 때
6. 책 읽다가 맘에 드는 글을 발견할 때
7. 새벽에 말씀 묵상할 때
8. 새벽 조용한 시간에 기도할 때
9. 좋아하는 사람들과 함께 할 때
10. 몰입할 때—글 쓸때, 독서할 때...
9월 29일 오전 9:08 1

**浩然 한민수 코치** 호연지기빛을 당신에게 비춥니다^^
**상선약수 김혜영** 자연을 사랑하시며, 때로는 조용히 묵상하고, 사람들과 함께하시니, 코치님 만나는 사람들은 참 편안하고 행복하겠어요~~~^^

**긍정해바라기_서희승** 진정성+평정심
A21.1.아침에 일어나 창가에 하늘이 맑을때
2.담근 오미자청과 이야기할때
3.울아들들 밥차려줄때
4.동네탄천 걸을때
5.운전중 예쁜 하늘을 볼때
6.좋은분들과 함께할때
7.오늘의 할일을 무사히 마쳤을때
8.온화한 달빛을 바라볼때
9.입금된 통장을 볼때
10.가족들과 함께 맛있는것 먹고 폭풍수다할때
9월 29일 오전 9:23 1

# Q
# 022

## 올해 달성한 성과 중
## 가족에게 자랑하고 싶은
## 하나는 무엇인가요?

A022

A022

A022

## 랜선코칭클럽 #022

**소원 권세연**
대학원 수업 최선을 다하고 있는거랑 제가 살고있는 시에서 주최한 청년대상 교육프로그램 공모전에서 2등한거 자랑하고 싶어요 ^^
9월 30일 오전 8:20 4

**浩然 한민수 코치** 호연지기빛을 당신에게 비춥니다^^
소원 권세연 우와!! 공모전 축하드려요!! 언제나 최선을 다하시니 좋은 결과를 덤으로 얻으셨네요^^
9월 30일 오전 9:23

**浩然 한민수 코치** 호연지기빛을 당신에게 비춥니다^^
A022. 호연지기 가족 자랑^^ (하나군요^^ 한 다섯개를 쓰다가 지움 ㅋ / 하나에 집중해서 쓴 것이 더 좋은 것 같아요^^)

코로나19 상황 가운데 "심리코칭서비스"를 오픈해서 코로나로 어려움을 겪는 29명에게 심리코칭서비스를 제공한 것.

올 한 해 코로나19 때문에 힘들었지만, 힘든 상황 가운데 코칭으로 무언가를 구체적으로 실행해서 누군가를 도울 수 있음에 감사하게 됩니다. 또한 29명의 전문코치님들의 적극적인 자원을 통해서 가능했기에 저는 심리코칭서비스를 제공한 29명의 코치님들을 자랑하고 싶습니다.

코치님들의 성명을 기록하고 싶지만, 이름도 빛도 없이 헌신하신 뜻을 기리며, 더 선한에너지와 복이 그들에게 전달되기를 기원합니다.
9월 30일 오전 9:19 3

**상선약수 김혜영**
호연 한민수 코치 코치님의 열정과 성실로 이루어내신 성과를 축하합니다! 감사합니다!

랜선코칭클럽 참가자들의 생생 댓글을 참고하세요!

**소피아_박소영**
업무나 개인적인 발전으로는 자랑할것이 없으나 올해는 인생에서 젤 소중한 아가를 얻었네요. 올해 가장 뿌듯하고 자랑하고 싶은 성과입니다. ^^
9월 30일 오전 11:33 2

**옹달샘(Spring)_이흥원** that gives you a new hope...
**소피아_박소영** 하늘에서 보내신 최고의 선물^^
9월 30일 오후 12:53

**리나 이민지코치**
A022. 대학교에서 강의를 시작했고 지난학기를 잘 마무리한것 입니다. 이번학기도 잘 진행되어 기쁨으로 마무리된다면 한해가 뿌듯할 것 같습니다^^
9월 30일 오전 11:59 2

**浩然 한민수 코치** 호연지기빛을 당신에게 비춥니다^^
**리나 이민지코치** 오~~ 리나 이민지 교수님~~~
대학강의 축하드려요^^ 이번 학기도 화이팅입니다!!
추석를 앞두고 호연지기 에너지를 전해드립니다^^

**카르페디엠 노태성**
올 한해 큰 어려움 없이 사랑하는 사람들과 건강하고 즐겁고 행복한 생활을 하고있고 할 수 있다는게 큰 자랑입니다
9월 30일 오후 12:20 2

**옹달샘(Spring)_이흥원** that gives you a new hope...
**카르페디엠 노태성** 범사에 감사하며 사랑하는 사람들과 행복한 생활을 하심이 부럽습니다♡ 가족들과 사랑이 더 풍성해 지시겠네요^^

# Q
# 023

# 부모님 하면 무엇이
# 떠오르나요?
# "나에게 부모님은 OOOO이다"

A023

A023

A023

# 랜선코칭클럽 #023

**향기_김미정**
A023.  나에게 부모님이란 ' 내 팬클럽 명예회장님' 이다.
늘 내편이고, 항상 응원해주시고, 베풀어주시는 소중한 분~

부모님! 늘 감사하고 사랑합니다. 항상 건강하시고 우리 곁에 있어주세요~

**터프여걸 장윤정** 하반기 첫날~ 행복을 느끼며
나에게 부모님이란 쓴소리를 해주는 유일한 사람들이다.
힘들때 일수록 나에게 울타리가 되어주는 존재 입니다.
10월 1일 오전 7:05 3

**멍석 연영주** 맘껏 드러낼 수 있도록 멍석을 깔아드리는 코치입...
A023.
나에게 부모님이란 항상 늘~
'버팀목'같은 존재!

살아계실때 한번 더 찾아뵙고 한번 더 연락드려야겠다는 생각을 해봅니다.
10월 1일 오전 7:07 3

**긍정해바라기_서희승** 진정성+평정심
A23.나에게 부모님이란 가슴이 아련해지고  나도 부모님처럼 살 수 있을까라고 생각하며 모델링 할 수 있는 정신적 안식처이다. 엄마아빠 나중에 뵙겠습니다 ^^
10월 1일 오전 7:12 4

랜선코칭클럽 참가자들의 생생 댓글을 참고하세요!

**상선약수 김혜영**
나에게 부모님은 든든했던 바위입니다! 이젠 어머니만
계시지만 자주 뵙진 못해도
전화 통화는 자주  드립니다~~^^

**감사.사랑.축복합니다.안 남섭코치**
A023 지금은 어머님은 안계시고 아버님은 소통이 안돼지만
나에게 부모님이란 생명을 주신분이고 가장 열성적인
응원군이었습니다.

**바람코치 신은희**
A023. 나에게 부모님이란, 정신적 지주 이시다. 늘 목소리만
들어도 맘이 놓이고 편안해지는 존재. 사랑해요 엄마 아빠♥

**아하_한혜정코치**
나에게 부모님은  따뜻한 봄이죠.감사함이기도  합니다^-^

**힘찬 안순봉**
a 23 저에게 부모님은 그리움과 미안함이 공존하네요.
순탄하지 못한 만큼  명절마다 아쉽네요. 살아계실때 잘
합시다.^^
10월 1일 오후 9:59 1

# Q
# 024

# 현재 계절에 자신에게 주고 싶은 최고의 선물은 무엇인가요?

## A024

## A024

## A024

# 랜선코칭클럽 #024

**JD 김현경**
남편 아들과 여유로운 드라이브 다녀오려고합니다.
아들은 스스로에게 하트를 주고 싶다고합니다^^
10월 2일 오후 12:49 3

**숲향—정혜연**
JD 김현경 🖤🤍💟 선물입니다^^ 가족과함께

**숲향—정혜연**
A024
마음을 담은 사랑의 말을 선물 해주고 꿈꾸고 있는 일들을 위한 마음을 한가득 담은  기도를 선물로 주고 싶어요

**浩然 한민수 코치** 호연지기빛을 당신에게 비춥니다^^
A024. 아... 아침에 생각난 선물이 있었는데, 오후되니 기억이 안나네요 ㅋㅋ 지금 저에게 주고 싶은 최고의 선물은..!!

지금 바로 사랑하는 사람과 함께 공항으로 가서 세이셜로 출발해서 한 2주 정도 휴양하고 아프리카 횡단을 시작하는 것입니다. 아프리카에서 코칭도 하고^^ 풍경도 보고, 도움이 필요한 분들도 만나고~ 아~~~ 여행가고 싶어요~~~
ㅎㅎㅎ

**카르페디엠 노태성**
A024 분주하고 조급했던 시간이 많았는데 좀 더 여유로운 마음을 선물하고 싶습니다
10월 2일 오전 7:50 5

랜선코칭클럽 참가자들의 생생 댓글을 참고하세요!

**힐러 조미선**
A024.

나에게 주고 싶은 선물은 나에 대한 굳건한 믿음과 사랑입니다.

다른분들의 댓글을 읽다보니 여유롭게 자연속에서 선선한 바람을 맞으며 댓글을 적고있는 지금 제가 감사한 시간들을 보내고 있는걸 그동안 얼마나 망각하고 지냈는지 깨닫게 되었습니다. 감사합니다.

**향기_김미정**
A024. 할 수 있다는 믿음과 나를 찾는 여행...
논문 작성 시도와 학교 공부를 잘 할 수 있다는 믿음...생각을 잘 정리하고 진정한 나를 직면할 수 있는 여행..
떠나고 싶네요...~^^

**나너우리 박희보**
A024 나이 먹으니 뭐니 뭐니 해도 건강이 제일 중요하더라고요~ ㅋ 건강을 갖고 싶습니다. 건강 신체를 위한 건강한 생활을 갖고 싶습니다. 건강한 생활을 위한 건강한 생각을 갖고 싶습니다.

# Q
# 025

# 오랫동안 좋아해온 당신의 음악은 무엇인가요?

A025

A025

A025

# 랜선코칭클럽 #025

**JD 김현경**
https://youtu.be/k3J1CGreW30
과거의 추억들이 몽글거릴 때 현재의 삶에 또한 더 감사하게 됩니다♡

**전람회 (Exhibition) - 졸업 (Graduation)**
From their single released in 1996
www.youtube.com

10월 5일 오후 3:17 3

**浩然 한민수 코치** 호연지기빛을 당신에게 비춥니다^^
**JD 김현경** 어디서 많이 들어본 선율이다 했어요^^
졸업가~ 졸업은 잠시 쉼호흡할 수 있는 기회를 제공하는 것 같아요. 그리고 다시 입학할 수 있는 기회 또한~
그래서 사람들이 계속 학교에 가는가요? ㅎㅎ (저도 다시 다니고 있지만 ㅎㅎ) 삶에 있어서도 자유와 쉼, 충분한 쉼호흡이 중요한 것 같아요. 명절 이후 바쁜 일상 가운데, 음악을 들으며 "나의 호흡을 알아차리며" 코칭과업을 진행할 수 있어서 참으로 감사합니다.
10월 5일 오후 5:48

**소피아_박소영**
가사처럼 듣기만해도 행복해지는 제 최애곡입니다.
스테이시켄트의 This happy madness 햇살좋은날도 비가 오는 날도 이 음악을 들으면 설레여요!
https://youtu.be/1anxySM55Sk

**This happy Madness:Stacey Kent**
This happy Madness:Stacey Kent
www.youtube.com

10월 5일 오후 5:20 3

랜선코칭클럽 참가자들의 생생 댓글을 참고하세요!

**웅달샘(Spring)_이홍원** that gives you a new hope in y...
A025 나의 최애곡~
CCM. 만일 나의 생에..(김하정)

끝없이 솟아나는 슬픔과 뜻모를 외로움으로 헤메일 때 나를 잡아주고 이끌어 주는 곡
감당할 수 없는 무게로  나를 짓누르던
짐을 비둘기 날개짓처럼 가볍게 해주는 제 마음의
치유곡입니다

https://youtu.be/NUKd7vLQk4Y

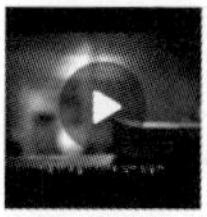

**나의 나된 것 by 김하정**
www.youtube.com

10월 5일 오전 9:09 4

**아하_한혜정코치**
A025 '소원'이라는 곡입니다.
https://m.youtube.com/watch?v=NWoWppt-RMM
삶으로 그분을 닮기 원하죠. 크고 좋은것보다 낮은 산이 되어 힘이 되어주고 그 깊이, 높이.넓이를  조금이라도  그사랑을 전하는 일상이 되기를  바라면서요^-^

**Lee Seung Chul 이승철) 소원 (Wish) [11집 MY LO...**
www.youtube.com

10월 5일 오전 9:29 4

**浩然 한민수 코치** 호연지기빛을 당신에게 비춥니다^^
**아하_한혜정코치** 이승철이 부르니, 더욱 다가오는 '소원'이네요. 작은 언덕이 되고 싶네요~*

# Q
# 026

## 오늘 하루 당신을 이끌어줄 감정을 한 단어로 표현해보고, 그 감정의 의미도 함께 들려주세요.

A026

A026

A026

# 랜선코칭클럽 #026

**아하_한혜정코치**
A026.'기쁜'
항상기뻐하라! 기쁜 소식을 전해 들은 사람은 기쁨으로
매순간을 살기 때문입니다^-^
"항상 기뻐하라. 쉬지말고 기도하라, 범사에 감사하라. "
이곳에 계신 코치님들도 기쁜 날 되세요^-^
10월 6일 오전 9:42 5

**감사.사랑.축복합니다.안 남섭코치**
A026 든든한
주변사람들의 변화와 성장을 진성존재코칭으로 돕는 명확한
삶의 목적을 구현해가는 삶의
과정에서 만난 좋은 분들의 변화와 성장을 가까이서 지켜보며
마음은 조급하지 않고 사람부자인 내가 든든합니다.
10월 6일 오전 9:55 4

**멍석 연영주** 맘껏 드러내 수 있도록 멍석을 깔아드리는...
**감사.사랑.축복합니다.안 남섭코치**
코치님께서 함께 해주셔서 더욱 든든한것 같습니다~
ㅎㅎ
'사람부자'라는 표현 넘 멋지십니다^^
저도 앞으로 만나게 될 고객님들에게 든든한 코치가
되어야겠다는 다짐도 되새기게 되네요~^^

**바람코치 신은희**
A026. 오늘의 단어는 '두근거림' 이었습니다. 새로운
영화인문학 강의도 시작했고, 글쓰기코칭도, 진로코칭도 모두
스타트데이였어요. 새로운 사람, 감사한 피드백 모두 좋았지만
한편 내일도 모레도 계속 새로운 교안업뎃과 새로운 만남이
있으니 심장이 자꾸 방망이질치네요...
두근반세근반...좋기도하고 부담되기도하고요ㅎ

랜선코칭클럽 참가자들의 생생 댓글을 참고하세요!

**浩然 한민수 코치** 호연지기빛을 당신에게 비춥니다^^
**멍석 연영주** 멍석님~ 대단하세요~ 판을 깔아드리니~ 댓글이 82개나 달렸어요^^ 오늘 인정과 격려 코칭으로 빛나셨습니다~ 진짜 훈장 하나 달아드리고 싶습니다^^ 편안한 밤 되세요~

**소원 권세연**
홀가분한^^
처리해야할 일이 두개있는데 오늘 서류발송끝났습니다
좋은결과 있기를!!!
10월 6일 오전 10:10 5

**知止 오정근** 마음부자로 행복하세요^^
단연코 감사입니다. 야구는 인생과 같다고 하는 말이 재미있습니다.
왜냐하면 둘 다 '집에서 출발해서 집으로 돌아오기 때문'이라고 합니다.
제가 저 혼자만의 힘으로 집으로 돌아오거나 밥을 먹거나 하지 못합니다.
누군가의 덕분으로 하루하루를 살아갑니다.
그분들이 저를 위해 일부러 하지 않았더라고 감사한 일이며, 저를 위해서라면 더더욱 감사할 따름입니다.
1월 3일 오후 9:19 2

**멍석 연영주** 맘껏 드러낼 수 있도록 멍석을 깔아드리는...
**知止 오정근**
야구에 대한 비유 넘 멋진데요.
홈 베이스를 집으로 가정했을때 1루로 출루를 하게되면 결국 다음 타자들의 도움으로 집으로 돌아올 수 있겠군요 ㅎㅎ

# Q
# 027

## 오늘 하루를 어제보다 멋지고 열정적이며 행복하게 살 수 있게 하는 나를 향한 질문은 무엇인가요?

**A027**

**A027**

**A027**

## 랜선코칭클럽 #027

**카르페디엠 노태성**
A027 오늘 나에게 하루 주어진 선물은 무엇일까??
10월 7일 오전 8:25 4

1개의 답글 더보기

**숲향—정혜연**
힘찬 안순봉 선물 ^^

**JD 김현경**
오늘 일정중 감사한 것은 어떤 것이 있나요?
— 바쁜중에 치과에 갈수 있는 여유가 있음에~
나에게 배우는 것을 좋아하는 학생이 있음에~
면접 볼 분들이 두분이나 있음에~ 새로운 만남이 기대됨이~
감사합니다^^
10월 7일 오전 9:18 2

**浩然 한민수 코치** 호연지기빛을 당신에게 비춥니다^^
**JD 김현경** 자문자답, 너무 좋네요^^ 저도 오늘 하루 일과 마치면서 열가지 감사일기 써보겠습니다~
10월 7일 오후 1:22

**JD 김현경**
**JD 김현경** 매일 새로운 질문들로 저를 깨워주시는 분들께도 넘 감사합니다♡
10월 7일 오전 9:19 1

**浩然 한민수 코치** 호연지기빛을 당신에게 비춥니다^^
**JD 김현경** 네~ 요즘 같은 시기에 참으로 소중한 분들입니다~
10월 7일 오후 1:23

랜선코칭클럽 참가자들의 생생 댓글을 참고하세요!

**옹달샘(Spring)_이홍원** that gives you a new hope in y...
A027 오늘은 어떤 새로운 일이 펼쳐질까? 기대하시라
개봉박두~
10월 7일 오전 8:14 2

**옹달샘(Spring)_이홍원** that gives you a new hope...
출근하니 후배가 더치커피 한병을 들고 찾아와 앞으로
일할 것과 감사했던 일들에 대해 두런두런
나누었습니다^^ 어제보다 행복한 마음으로 업무를
시작합니다

**나조아 이문희**
오늘은 무엇으로 <나조아>를 실천할거니?
10월 7일 오전 8:25 4

**옹달샘(Spring)_이홍원** that gives you a new hope...
**나조아 이문희** 코치님으로 인해 조금더 아름다운 세상이
만들어져 갑니다. 오늘 마무리 하시며 실천하신 것 중
기억나는 하나 나눠주셔요~ 좋은 것 따라하고 싶습니다
10월 7일 오전 9:00

**浩然 한민수 코치** 호연지기빛을 당신에게 비춥니다^^
**나조아 이문희** "나로 인해 조금더 아름다운 세상을
오늘도 실천했구나~"^^ 하고 아버지께서
칭찬하시네요~^^~
10월 7일 오후 1:20

**나조아 이문희**
**옹달샘(Spring)_이홍원** 요즘 이사를 준비하며 욕심껏
쌓아놨던 물건들을 떠나보내는 중이예요. 지난 주말에 집
근처 도로변에 돗자리 깔고 무료나눔을 좀 했었는데, 꽤
마음 뭉클한 경험이었어요. 이제 무거운 것들만 남아서..
당근마켓에 나눔할 것들을 추려보려 합니다.

# Q
# 028

# 당신에게 깨달음을 준 존경하는 분은 어떤 분이시며, 어떨 때 그렇게 느끼셨어요?

**A028**

**A028**

**A028**

# 랜선코칭클럽 #028

**리나 이민지코치**
A028. 부모님- 믿음과 헌신의 모범이 되어주신것. 제가 부모가 되어 그 자리에 서게되니 그 모든 사랑과 인내가 얼마나 큰 것이었는지 더욱 깨닫게됩니다.

**아하_한혜정코치**
A028. 내가 존경하는 분은 어머니입니다. 자녀를 위한 헌신과 부지런함, 열정은 대단한 것임을 깨닫게 합니다.
10월 8일 오전 11:58 3

**浩然 한민수 코치** 호연지기빛을 당신에게 비춥니다^^
**아하_한혜정코치** 어머니의 사랑과 열정이 대단하십니다.

**향기_김미정**
A028. 퇴사한 H00상무님..
롤모델이자 현타선생님이기도 한 분인데, 현직에서도 늘 나를 볼 수 있게 해주시고, 퇴사후에도 저에게 인사이트를 주시는 분입니다. 그 분의 사람 대함과 절제된 표현안에 진심을 느낄 수 있기에 나도 그런 분으로 성장하고 싶습니다.
10월 8일 오후 12:35 3

**힐러 조미선**
A028. 법정스님, 이태석 신부님처럼 인생을 달관하고 어려운 이들에게 헌신하시는 수도자들을 존경합니다. 똑같이 사람으로 태어나서 저는 그 분들처럼 행동하지 못하는게 부끄럽답니다.
10월 8일 오전 8:35 4

랜선코칭클럽 참가자들의 생생 댓글을 참고하세요!

**浩然 한민수 코치** 호연지기빛을 당신에게 비춥니다^^

A028. 영순위는 부모님^^ 1순위는 안회장님^^
그리고 지금은 소천하신 국제기아대책기구 정회장님.. 이 분은 저의 20대의 비전을 실현시켜주신 분, 30대를 열정적으로 근무할 수 있는 환경을 제공해주신 분, 40대 현재의 코치의 삶을 살아갈 수 있도록 격려해주신 분, 또한 2030의 비전을 먼저 보여주신 분,
신입직원연수 때 국제기구 소개를 직접 브리핑해주시는 생동감, 파키스탄 긴급구호 현장에 도로도 유실된 상황에서 현장까지 직접 찾아오셔서 격려해주시는 현장형 리더십, 캄보디아 지부에 파견받을 수 있도록 길을 열어주시는 넉넉한 포용력, 기아대책 기구를 퇴사하는 날에도 건물이 떨어져 있음에도 불구하고 직접 찾아오셔서 퇴사와 이직을 축하해주신 넉넉한 베포와 인자함.. 그립습니다.. 인생의 선배들께서 길을 열어주셔서 후배가 오늘도 감사하며, 비전을 향해 걸어갑니다.

**긍정해바라기_서희승** 진정성+평정심

Q028.인품에서 빛을 내시는분과 만나면 와~~나도 그분처럼 삶아야지라고 깨닫게 되네요^^인품에서 빛을 내는 분들을 보면 삶에 대한 겸손을 가지시면서 자신의 색이 뚜렷하신것 같아 정말 존경심이 자연스레 생기는것 같습니다~~

**나조아 이문희**

저는 저희 엄마를 정말 정말 존경합니다. 저희가 그렇게 말려도 사방팔방 어려운 사람을 돕느라 오늘도 당신 자신을 촛불처럼 태우십니다. 가족만이 아니라 이웃에게까지 확장된 사랑의 수고, 갓난 아이부터 노인에 이르기까지 모든 분들의 눈높이를 맞추고 진심으로 존중하는 마음, 언제나 웃음을 잃지 않는 모습.. 어떻게 살아야 할지를 늘 보여주시는 저희 엄마를 존경합니다.

# Q
# 029

## 당신을 음식에 비유한다면 무엇이라고 부르고 싶나요? 그리고 그 이유는요?

A029

A029

A029

# 랜선코칭클럽 #029

**긍정해바라기_서희승** 진정성+평정심
A029.겉과 속이 똑같은 토마토입니다^^ 솔직하고 진실되게 살고싶은 마음과 슈퍼푸드라 사람들에게 건강한 도움을 드리고 싶습니다 ~~
10월 9일 오전 8:49 5

**바람코치 신은희**
긍정해바라기_서희승 우와 겉과 속이 똑같은 토마토라니 넘 멋져요

**터프여걸 장윤정** 하반기 첫날~ 행복을 느끼며
떡볶이 ~~ 매일매일 먹고 싶은 맛♡
다이어트 하면서 끊고 싶은데 떡볶이는 끊어지지 않습니다. ^^
10월 9일 오전 8:52 4

**나조아 이문희**
터프여걸 장윤정 저의 최애 음식중 하나입니다

**나조아 이문희**
A029 움... 저는 "꼬기(meat)" 할래요.
전 기운 없을 때 고기 먹으면 힘이 나거든요. 좀 비싸지만 그 만큼 에너지와 영양이 확실히 보장되는 스테이크가 떠오릅니다 ^^
누군가에게 그렇게 힘을 주는 고기가 되어 보렵니다!
10월 9일 오전 8:57 5

**바람코치 신은희**
나조아 이문희 기분이 저기압일땐! 고기앞으로! 가 생각나네요 ㅎㅎ

랜선코칭클럽 참가자들의 생생 댓글을 참고하세요!

**멍석 연영주** 맘껏 드러낼 수 있도록 멍석을 깔아드리는 코치입...
A029.
달걀후라이(대상과 장소에 상관없이 필요로하는 사람이고 싶습니다)
10월 9일 오전 6:34 5

**나조아 이문희**
멍석 연영주 크! 명언이십니다!

**향기_김미정**
A029. 메론
그린 색을 좋아하고, 겉은 단단하나, 속은 달고 과즙과 향기가 입안 가득 느껴질 때 아주 기분이 좋습니다.
겉으론 좀 사무적인 인상과 말투에 오해를 받기도 하나 마음은 세상 달달한 사람이고 싶네요~^^
10월 9일 오전 6:43 5

**바람코치 신은희**
향기_김미정 메론 넘 달달하고 좋네요

**카르페디엠 노태성**
A029 미역국-늘 항상은 아니지만 특별한날 혹은 필요할때 생각이 나는 사람이고 싶습니다
10월 9일 오전 7:32 6

**바람코치 신은희**
카르페디엠 노태성 이젠 미역국 보면 코치님 생각나겠어요
10월 9일 오전 9:39

# Q
# 030

높은 하늘에서 아래를 내려다보는 한 사람이 있다고 합니다. 그 사람이 당신에게 해주고 싶은 말이 있다고 하네요. 그 말을 들은 당신은 어떤 반응 혹은 어떤 답변을 하고 있나요?

**A030**

**A030**

**A030**

# 랜선코칭클럽 #030

**감사.사랑.축복합니다.안 남섭코치**
A030 잘 하고 있다.몸의 신호를 잘 알아차리고
속도보다는 방향이 제대로 가는지만 점검하며
몸과 마음이 가볍고 즐겁게 하루하루 감사와 기쁨을 누리며
너의 꽃을 피워가면 된다.
10월 12일 오전 10:04 5

**浩然 한민수 코치** 호연지기빛을 당신에게 비춥니다^^
감사.사랑.축복합니다.안 남섭코치 오늘도 감사와 기쁨의
꽃 감사합니다~

**리나 이민지코치**
A030.
-"민지야 내가 너와 함께 한다!"
-기쁨과 감사로 화답하며
완전하신 당신만 온전히 바랍니다!

**멍석 연영주** 맘껏 드러낼 수 있도록 멍석을 깔아드리는 코치입...
"무엇을 향해 그리도 앞만보고 바쁘게 가고 있나요? 한템포
쉬어 가시죠.."

그말을 들은 나는 곰곰히 생각해봅니다.

여유를 가지고 가정의 가장으로서 아내와 딸을위해 잘하고
있는지 되새겨봅니다.
10월 12일 오전 6:49 5

**浩然 한민수 코치** 호연지기빛을 당신에게 비춥니다^^
멍석 연영주 하늘에서 "쉼표" 구름을 보여주셨군요^^
오후 일과 전에 커피한잔하시며~ 잠시 여유가지세요.
멋진 아빠, 멋진 남편이십니다^^

랜선코칭클럽 참가자들의 생생 댓글을 참고하세요!

**힐러 조미선**
A030. 어제와 다른 오늘을 살며 하루하루 잘 지내고 있구나.
사랑한단다.
저도 사랑을 가득 품고 다른 이에게 나눠주며 살게요~

**소원 권세연**
"세연아,아빠 이곳이 편하고 좋아.걱정말고 너하고 싶은 거 다해.세연아 아빠가 많이 사랑했어.그리고 앞으로도 널 지켜줄꺼고 사랑할꺼야.아빠한테 미안해하지 않아도 돼.건강하렴.엄마 잘 챙겨드리고."

힝ㅠㅠ
눈물이 펑펑 쏟아지네요.

아빠 감사합니다

10월 12일 오전 10:29 7

**浩然 한민수 코치** 호연지기빛을 당신에게 비춥니다^^
**소원 권세연** 오전에 한번 읽고.. 오후에 한 번 읽으며.. 눈물이 핑~ 합니다. 하늘에서 사랑가득한 진솔한 말 한마디가 이렇게 감동을 전해주네요. 눈물이 펑펑, 행복이 펑펑 넘치길 기원드립니다~

**옹달샘(Spring)_이흥원** that gives you a new hope in y...
A030
두려워하지 마라.염려하지 마라~ 네 마음을 잘 알고 있으니 지금 벌어지고 있는 것을 함께 나누어 지고 나아가라.

지친 직원들에게 또 다른 짐을 올려 놓는 것이라 마음이 아픕니다. 그래도 마음을 같이하여 짐을 나눠지고 나아가 보겠습니다. 꿈꾸고 원하는 그 날을 기다리며~

# 수용을 넘어 포용으로

Q031–Q040

# Q
# 031

## 다시 가보고 싶은 곳은 어디인가요? 누구와 함께 가서 무엇을 하면서 행복한 여행을 다시 만끽하고 싶은가요?

**A031**

**A031**

**A031**

# 랜선코칭클럽 #031

**소피아_박소영**
이탈리아 와이너리 투어를 하고 싶어요. 올해 남편과 가려고 했는데 아이가 생겨서(코로나까지 ㅜ)한참 후로 미뤄지게 되었지만 40대에 꼭 해보고 싶은 여행이에요~생각만해도 설레이네요 ㅎㅎ
10월 13일 오후 2:41 3

**浩然 한민수 코치** 호연지기빛을 당신에게 비춥니다^^
**소피아_박소영** 오~ 내 후년에 다녀오세요^^* 이탈리아 와이너리 투어~ 듣기만 들어도 설렙니다 ㅎㅎ

**숲향—정혜연**
A031
터키가 기억에 나네요
정감있던 사람들과 바다와 초대교회
그리고 갓잡은 고등어 바게트 샌드위치

가족들과함께 호주가고 싶네오—

**바람코치 신은희**
A031. 저는 석양을 참 좋아하는데요~ 그래서 작년에 갔던 코타키나발루에 또 가보고싶어요. 코타키나발루는 석양으로 유명하답니다💜 지난번에도 아이들과 함께 갔는데 우리 참 즐거웠어요💜💜💜

랜선코칭클럽 참가자들의 생생 댓글을 참고하세요!

**리나 이미지코치**
시애틀 레이크워싱턴에 서서 바라보았던 잔잔한 호수와 아름다웠던 석양이 생각납니다. 사랑하는 사람과 꼭 다시 오겠다고 다짐했던 곳인데 아직 신랑이랑 못가봤네요. 신랑과 둘이 가서 조용히 석양을 즐기고싶네요:)
10월 13일 오후 4:56 2

**나조아 이문희**
**리나 이미지코치** 오... 잘 기억했다가 언젠가 꼭 가봐야겠어요

**JD 김현경**
한여름도 뜨거운 커피만 판다는 스페인... 어느 골목 카페에서 아이스를 얻어서 결국 친구와 아아를 마시며 너무 시원해서 한참을 웃었던 기억~~. 소매치기 당할까봐 가방을 꼭 안고 다녔던 기억~~~. 이제는 추억이 되어 너무 소중합니다♡

**나조아 이문희**
흠.. 랜선 코칭을 통해 제가 뭔가를 선택하는 걸 어려워한다는 걸 새삼 알게 되었어요, 욕심이 너무 많으니 선택을 위해 뭔가를 내려 놓기도 해야 하는데, 그걸 정말 못하고 사나봐요. 고민 끝에.. 다시 가고픈 저의 여행지는 루브르와 바티칸으로 올립니다... 다른 일정 없이 하루 종일 작품 앞에서 미켈란젤로와 수 많은 거장들을 만나고 싶네요, 남편과 함께요 ^^
10월 13일 오후 8:07 3

**바람코치 신은희**
**나조아 이문희** 내려놓지 못하는 자신을 바라보실줄 아는 나조아님 멋져요🖤 바티칸은 저도 참 좋았어요🖤

# Q
# 032

## 오늘은 축복받은 좋은 날입니다. 순간을 포착한 당신의 생각이 궁금합니다. 카메라로 찍은 사진에 당신의 느낌, 감동을 나누어 주세요.

A032

A032

A032

# 랜선코칭클럽 #032

**긍정해바라기_서희승** 진정성+평정심

A032.푸르른나무와 하늘을 보면 참 감사함이 느껴집니다.
세상이 주는 공짜선물이지만....나의 맘에는 백만불짜리
명작으로 생각되며..모든세상에는 이치가 있는것같아 지금 이
순간순간마다 소중하게느껴집니다^^

**숲향—정혜연**

어제 중학교아이들과 함께 놀면서
아이들이 스스로에게 사랑의 고백을 하며
토닥토닥 ^^
행복한 기운을 받았고 맘껏 뛰어놀수 있는 사춘기아이들과의
시간이 감동이었습니다

랜선코칭클럽 참가자들의 생생 댓글을 참고하세요!

**소원 권세연**

신랑이 추석에 친정식구들이 다 같이 먹을 수 있는 소고기를 사왔었는데. 사실 너무 비싸기도 하고 굳이 매번 명절마다 많은 인원이 소고기를 먹어야하나 라는 다른거 먹어도 되지 않을까 라는 생각이 들어서 신랑한테 너무 무리한거 아니야라고 물어봤는데 신랑이 지금 이 시간은 다시 돌아오지 않아 그냥 맛있게 먹자 라고 이야기해줘서 고마웠어요

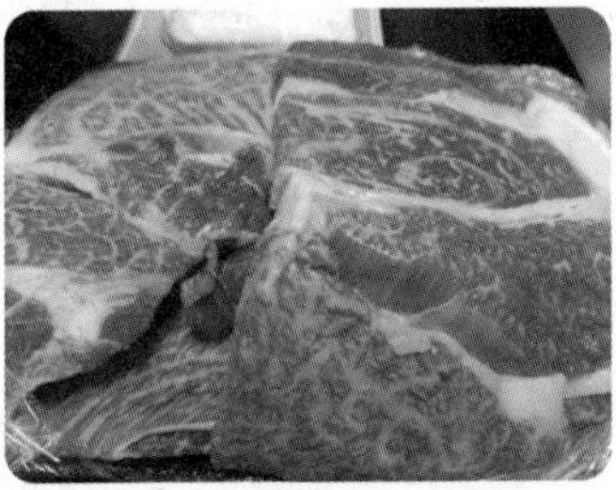

**나조아 이문희**

작년에 이용규 선교사님이 자카르타에 세우신 대학에서 특강을 하고 찍은 사진입니다. 이 날 학생 중 아프간 난민이 4명 있었는데 그 중 하나가 "우리도 희망을 가질 수 있고, 나의 삶이 지금보다 나아질 수 있다는 것을 알게 해줘서 고맙다"는 소감을 발표했을 때 왈칵 눈물을 쏟았던 날입니다.
누군가에게 의미있는 시간의 통로가 된, 정말 뜻깊은 날이었습니다.

# Q
# 033

# 20년 뒤 가족들과 함께 열어 볼 타임캡슐이 있다면, 넣고 싶은 물건은 무엇인가요? 그리고 그 이유는 무엇인가요?

A033

A033

A033

# 랜선코칭클럽 #033

**향기_김미정**
A033. 앨범, 핸드폰, USB..
^앨범은 어릴적 부터 현재까지 소중한 추억 중 기억에 남을 사진들을 남겨놓은 추억이고...
^핸드폰은 일상에서 주고받는 다양한 문자, 연락처, 순간순간 촬영해 놓은 사진들이 많이 들어있는 것이라서..
^USB는 이런 저런 일들을 잘 저장해놓은 것들이라 한때의 열정을 느낄 수 있어서..

**숲향—정혜연**
A033
가족들이 함께 꿈지도 만들어서 넣고싶어요
그리고 마음속 하고 싶은 말들과 편지도

우리의 꿈들이 얼마큼 이뤄졌는지 나눌수 있고  못이룬 꿈을 다시도전해본다면 ㅎ
그리고 지금의 말들이 그때는 어떻게 다가오는지 나누면 좋을것같아요

**옹달샘(Spring)_이흥원** that gives you a new hope in y...
A033.. 2020년 개인별 월별 추억이 담긴 사진과  가족사진. KF94마스크. 일회용 마스크...올해  가족 주거에 영향을 끼친 3곳의 전세계약서 사본~

2040년 아들.딸.손자.손녀들과 20년전의 파란 만장했던 추억들을 하나 씩 나누며 .. 이때까지 삶의 걸음걸음을 인도해주신 풍성한 은혜에 감사하는 시간을 가져보겠습니다 ㅎㅎ

10월 15일 오전 9:00  3

랜선코칭클럽 참가자들의 생생 댓글을 참고하세요!

**나조아 이문희**
불가능하지만.. "엄마의 반찬"을 넣고 싶네요. 20년 후에도 건강히 생존해 계시기를 간절히 기도하지만 혹시 하늘나라에 계시다면.. 이 세상에서 다시는 먹을 수 없는 엄마밥을 먹으며 엄마를 다시 느껴보고 싶어요 🖤
10월 15일 오전 9:25 4

**숲향—정혜연**
나조아 이문희 감동이네요 엄마밥 따스함이 몰려오네요

**카르페디엠 노태성**
A033 현재삶에 대한 일기장과 미래의 소망이담긴 10년, 20년 후의 나에게 보내는 편지요~~~^^

**멍석 연영주** 맘껏 드러낼 수 있도록 멍석을 깔아드리는 코치입...
A033 가족사진을 찍어서 액자로 담아 타임캡슐에 넣어 두겠습니다.
20년후 65살이되었을때 20년전 가족사진을 보면 감회가 새로울거 같네요~

**긍정해바라기_서희승** 진정성+평정심
A033.추억의 사진과 가족일기장...20년뒤 어휴~~나이든 내가 너무 궁금해지네요 또 아이들의 장성한 모습도 궁금해집니다...타임캡슐을 열고 보면 감회가 다를꺼 같아요 ㅎ 그때도 좋았었지...라고 생각하면서 또다른 20년후에 열 타임캡슐에 뭘 넣을까 생각하지않을까요^^
10월 15일 오전 11:15 3

# Q
# 034

## 아무런 제약이 없다면, 10년 후 어디서 무엇을 하고 있을까요?

## A034

## A034

## A034

# 랜선코칭클럽 #034

**힐러 조미선**
A034. 모든 것이 안정적이고 마음이 여유로운 생활을 하고 있을 것입니다.
10월 16일 오전 7:15 5

**浩然 한민수 코치** 호연지기빛을 당신에게 비춥니다^^
**힐러 조미선** 안정과 여유, 소유하심을 축하드립니다^^
10월 16일 오후 1:24

**터프여걸 장윤정** 하반기 첫날~ 행복을 느끼며
지구장이 되어 팀을 이끌고 있을거 같습니다. 여행다니고 있겠죠?!
10월 16일 오전 7:57 4

**浩然 한민수 코치** 호연지기빛을 당신에게 비춥니다^^
**터프여걸 장윤정** 리더로서의 모습, 여행다니며 즐기는 모습이 기대됩니다~
10월 16일 오후 1:23

**카르페디엠 노태성**
A034 어느 한적한 시골마을 혹은 해외에서 학생들과함께 열심히 뛰어놀며 학생들의 미래를 응원해주고 있으면 좋겠습니다~~^^
10월 16일 오전 8:14 3

**浩然 한민수 코치** 호연지기빛을 당신에게 비춥니다^^
**카르페디엠 노태성** 어느 한적한 시골마을~ 좋네요~^^
10월 16일 오후 1:23

랜선코칭클럽 참가자들의 생생 댓글을 참고하세요!

**소피아_박소영**
아이와 남편과함께 발리.뉴욕 세계각국을 여행하며
디지털노마드의 삶을(원격으로 일하고)살고 있을것 같습니다.
코칭하고 글쓰고 요가하고 좋은사람들과 파티하고
work,play,love 의 삶을 실천하면서요 ^^
10월 16일 오전 9:10 4

**멍석 연영주** 맘껏 드러낼 수 있도록 멍석을 깔아드리는 코치입...
A034) 10년후 이맘때는 민간인이 되어있겠네요 ㅎㅎ 제2의
인생 생각만해도
설레이네요~ 책을 쓰면서 많은사람들에게 선한 영향을 주고
싶네요
10월 16일 오전 9:20 2

**浩然 한민수 코치** 호연지기빛을 당신에게 비춥니다^^
**멍석 연영주** 민간인이 되신 것을 축하드립니다 ㅎㅎ
지금도 자연인 같으세요^^ 멍석 연영주님의 책 제목
벌써부터 궁금해집니다~
10월 16일 오후 1:19

**감사.사랑.축복합니다.안 남섭코치**
북경에서 한국의 대표코치들과 글로벌 코칭컨퍼런스
주관사로서 영어와 중국어로 환영사를 하고 있는 모습이
보이네요.
10월 16일 오전 9:42 4

**浩然 한민수 코치** 호연지기빛을 당신에게 비춥니다^^
**감사.사랑.축복합니다.안 남섭코치** 와~ 우뢰와 같은
박수소리가 들립니다~~~
10월 16일 오후 1:17

# Q
# 035

## 봄, 여름, 가을, 겨울에 피는 꽃들이 있습니다. 이 계절에 당신은 어떤 꽃을 피우고 싶은가요?

**A035**

**A035**

**A035**

# 랜선코칭클럽 #035

**향기_김미정**
A035. 해바라기..
해바라기는 생명과 행운의 상징으로 돈이 들어오는 꽃입니다. 사무실 제 방 벽면에 해바라기 액자를 들여놓은 이후 좋은 기운이 들어왔답니다. 지난주부터 해바라기 생화를 살까 고민했는데..오늘은 사서 집,회사에 꽂아두렵니다 ~^^

**멍석 연영주** 맘껏 드러낼 수 있도록 멍석을 깔아드리는 코치입...
A035. 진실의 꽃말인 빨강국화꽃을 피우고 싶네요! 이유는, 진실은 조금 늦더라도 반드시 통하기 때문에 가장 중요한 덕목으로 다가옵니다^^
10월 19일 오전 7:06 2

**浩然 한민수 코치** 호연지기빛을 당신에게 비춥니다^^
멍석 연영주 오~ 빨간 국화~ 빨간 진실^^ 찐~ 진실, 참말로 진실이 통하는 멍석 연영주님이시군요^^*

**긍정해바라기_서희승** 진정성+평정심
A035.태양의 꽃 황금 꽃 해바라기꽃을 피우고 싶어요^^행운과 부를 상징한다고 하니 더 솔깃해집니다~~
10월 19일 오전 7:55 2

랜선코칭클럽 참가자들의 생생 댓글을 참고하세요!

**카르페디엠 노태성**
A035 가을의 꽃은 아니지만 개나리를 피우고 싶네요~~
새롭게 시작되는 환경들이 많은 요즘 기대, 희망이라는 꽃말을 가진 개나리가 생각이 났습니다~~~^^

**감사.사랑.축복합니다.안 남섭코치**
A035 가을에 감국이 너무 아름답네요.마음껏 동네 국수리에 피워보고 싶네요
들국화 일종으로 잔잔한 향기가 벌들을 많이 불러오네요.먹을 수 있는 꽃으로 국화차를 만들어 보고 싶네요.차도 맛있지만 두통에도 효험이 있다네요.

**힘찬 안순봉**
a 035 이 아름다운 가을과 어울리지 않을 수도 있지만 지금 저에게는 차분한 보다는 '열정'이 필요합니다. 빨간 장미가 '열정'의 의미를 가지고 있다고 합니다.
'빨간 장미' 그러고 보니 올 해는 코로나로 장미의 계절을 그냥 넘겼네요. ^^

**상선약수 김혜영**
A035 진실과 행복으로 소박하지만 풍성한 국화의 향기를 피우고 싶습니다!
국화 화분이라도 사야겠습니다~~^^
10월 19일 오전 11:12 2

**浩然 한민수 코치** 호연지기빛을 당신에게 비춥니다^^
상선약수 김혜영 국화 향기를 (상상으로) 맡아봅니다~
향긋하네요^^ 국화가 주는 풍성함이 있네요~

# Q
# 036

# 지금 문제가 되는 일을 즐겁게 할 수 있는 방법, 혹은 관점을 바꾸어본다면 무엇이 보이나요?

A036

A036

A036

# 랜선코칭클럽 #036

**힐러 조미선**

A036. 순간순간 부딪치는 일들에 골머리를 썩다가도 내가 이 일을 시작한 취지와 성과를 떠올립니다. 사람 문제에 있어서는 역지사지로 상대방 입장이 되어 생각해보고 사랑의 마음을 첨가했을 때 문제 해결의 실마리가 보였던 것 같습니다.

**긍정해바라기_서희승** 진정성+평정심

A036.문제가 되는 일을 즐겁게 하는방법은 그 문제까지도 사랑하는 마음으로 대해줍니다. 전 어려움이 있을때 더 신나고 즐거운 노래를 중얼중얼거리면서 이또한 지나가리니...얼마나 더 큰 복을 주시려고 ㅎ 나만의 긍정메세지를 마구마구 쏟아냅니다^^

**옹달샘(Spring)_이흥원** that gives you a new hope in y...

A036 저는 미래 모습을 먼저 그려봅니다. 모든것이 다 해결된 그날의 모습. 상황을 그려보면 힘이 생깁니다.
꼬이고 복잡한 것은 단순하게 분해해봅니다. 그리고 집중할 하나를 선택하며 나아간다.
영화 주유소 습격사건 처럼 난 한 놈(?)만 팬다 ㅎ
한번에 하나씩..시간이 지나면 이 또한 다 이루어질 것이라는 굳은 믿음으로 나아갑니다.

**나조아 이문희**

나를 힘들게 하는 일이 생기면 그 안에 담긴 2%의 좋은 것을 찾아보려 합니다. 그걸 찾아내면 사실은 2%가 아닌 20% 이상의 유익함이 있음을 깨닫게 되고 그것에 집중하다 보면 그 일의 본질과 만나게 되어 이겨낼 힘이 생기는 듯 합니다.
그렇게 저는 “2% 찾기”로 출발합니다.

랜선코칭클럽 참가자들의 생생 댓글을 참고하세요!

**감사.사랑.축복합니다.안 남섭코치**

일단 심호흡을하고 관점 전환을 위해 공간이동을 합니다.에너지를 바꾸어 새로 무엇이 보이는지 무엇이 들어보고
내가 원하는 미래의 내가 지금의 나에게 하고 싶은 말을 떠올려봅니다.

**浩然 한민수 코치** 호연지기빛을 당신에게 비춥니다^^

A036. 요즘 비대면 강화로 고독을 친구삼을 때가 많은데, 이럴 때 방향과 관점을 바꾸어봅니다. 힘이 들때는, 잠시 멈추어 쉼호흡을 길게 하고, 정말 힘들 때는 생각조차도 비우고 멈추고, 답답할때는 수영장은 못가지만, 집에서 수영 모션을 하면서 홈트를 하는데, 다음에 수영장 다시 가면 정말 이전보다 수영 더 잘 할것 같습니다 ㅎㅎ 요즘 수행해야할 코칭 과업들이 많으니, 머리에 스팀이 모락모락 올라올 때가 있는데, 이럴 땐 손으로 할 수 있는 창조의 작업을 새롭게 해봅니다. 최근에 가죽공방, 샴푸비누공방에 다니면서 새로운 에너지를 얻고 있습니다.  물멍, 불멍만큼 가죽멍이 힐링이 될줄 몰랐네요 ㅎㅎ 가공 샴푸를 쓰지 않은지 3년이 넘어가는데, 이것이 계기가 되어 천연 샴푸바도 만들어보면서 에너지가 선순환될 수 있도록 관점을 바꾸어보고, 새로운 길을 걸어보며, 그리고 이 여정가운데, #랜선코칭클럽 멤버들의 코칭퀘스천의 답글을 읽으며 웃으며, 위로하며, 힘과 용기의 에너지를 얻습니다.

**바람코치 신은희**

A036. 나의 한계선과 지켜야할 경계를 보다 명료하게 바라보고 할 수 있는것에 몰입하게 해주는, 내 도수에 꼭 맞는 안경이 보입니다.

10월 20일 오후 12:52 2

Q
037

# 일상에서 당신을 성장하게 한 작은 변화를 나누어주세요. 그 변화는 무엇인가요?

A037

A037

A037

# 랜선코칭클럽 #037

**소원 권세연**

Q037 미라클모닝 새벽5시 기상입니다♡ 작심3일 10번으로
이제 30일이 넘었는데요
이것으로 새로운 분들과 새로운 세상을 많이 볼 수 있어
감사합니다 ♡

10월 21일 오전 8:22 3

**아하_한혜정코치**

우연히 꼬마친구들을 만나게 되었는데 그 맑고 깨끗한
모습에서 잊고 있던 아들이 보였습니다. 당시는 바빠서 놓친
마음의 울림이 있네요. 회복의 시간을 가지면서 범사의 감사를
체득하는 시간입니다^-^

10월 21일 오전 8:35 1

**옹달샘(Spring)_이흥원** that gives you a new hope in y...

A037 마음 가짐을 단정히 하는것.!!! 배워서 남주자!. 궂은
일은 내가 먼저!. 편안한 미소와 성실한 자세로 일하기!
이러한 마음자세의 변화가성장을 이끌어주는 초석입니다.
업무의 경우는  부딪쳐 해보면서 한 단계씩 차근 차근 성장을
하게 되구요.

10월 21일 오전 9:07 2

**감사.사랑.축복합니다.안 남섭코치**

A037 호흡법에 관심 갖고 의식적으러 느리게 숨쉬기 어제
45년 동안 호흡법을 연구하신 이동철박사81세 와 통화
심호흡이 면역력을 높이고 건강을 위지하는 비결이라는 것을
배우고 실천해보려 합니다.

10월 21일 오전 10:18 3

랜선코칭클럽 참가자들의 생생 댓글을 참고하세요!

**긍정해바라기_서희승** 진정성+평정심
A037.아이들의 엄마라는 타이틀 같아요...아이들을 잘 양육하고 싶었던 마음에서 지금은 멋진 엄마의 모습을 보여주기위해 더 열심히 공부하고 살고있는것 같습니다^^
10월 21일 오전 10:51 2

**아하_한혜정코치**
**긍정해바라기_서희승** 엄마만큼 성장의 키워드는 없는것 같아요. 잘 하고계신데요. 응원합니다♡
10월 21일 오전 11:07

**카르페디엠 노태성**
A037 하루에 3가지씩 감사할 일 찾기~~ 살아가며 감사함을 잊고사는 경우가 많았는데 행복함을 느끼게 되는 하루하루가 되는 것 같습니다~~
10월 21일 오후 2:09 1

**浩然 한민수 코치** 호연지기빛을 당신에게 비춥니다^^
A037. "흐르는 강물처럼~" 강물이 그저 흘러가는 줄 알았는데, 래프팅하는 것처럼, 암초에도 걸리고, 급류에도 휩쓸리고, 그럼에도 물을 거스르지 않고, 그 흐름을 받아들이며 넘어가니, 스트레스도 덜하고, 점차 "흐르는 강물처럼" 살아가는 게 무엇인지 삶을 통해서 깨달아 알아가게 됩니다. 그러다보니, 어느새 힘이 생겨서 이제는 연어처럼 역동하는 힘으로 강 상류로 힘차게 나아가기도 합니다.

이러한 "작은 변화"는 예전에는 무엇이든 엄청 긴장하고 그랬는데, 나를 받아들이니 점차 자연스러워졌습니다^^
10월 21일 오후 4:13 2

# Q
# 038

## 누군가를 그리며 따뜻한 차 한잔을 앞에 두고 편지 쓰고 싶은 아침입니다. 누구에게 어떤 내용으로 마음 편지를 써보시겠어요?

A038

A038

A038

# 랜선코칭클럽 #038

**터프여걸 장윤정** 하반기 첫날~ 행복을 느끼며
제가 일한다는 이유로 저희 아들을 봐주는 친정 어머니께
편지를 써보고 싶습니다.
10월 22일 오전 10:29 4

**浩然 한민수 코치** 호연지기빛을 당신에게 비춥니다^^
**터프여걸 장윤정** 친정 엄마께서 얼마나 감동하실까~
그러다 용돈 좀 더 줘라~ 하시는 건 아닐지 ㅋㅋ(^&^;)

**감사.사랑.축복합니다.안 남섭코치**
마담 백일홍에게 편지를 써보겠습니다.
이심전심으로 산다고 생각했는데 가끔씩
아직도 어색하고 분위기상 말로 표현이 안되는 느낌을 편지로
써보고 싶습니다.

**아하_한혜정코치**
A038. 오래 만나지 못한 친구인데 늘 마음이 따뜻한 친구가
생각났어요. 아들 둘을 잘 키우고 세월을 같이 보내고 있는
친구에게

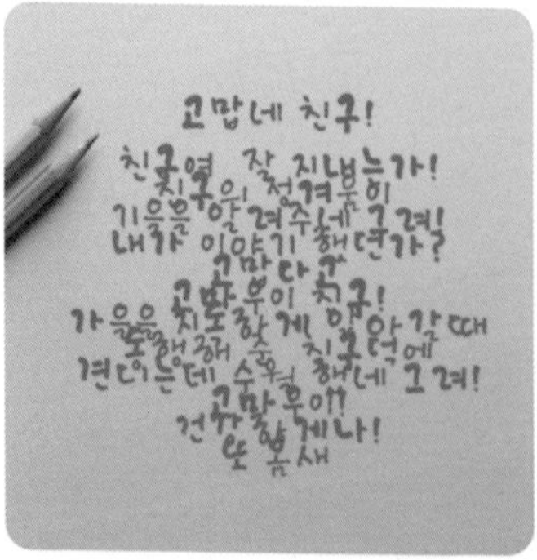

랜선코칭클럽 참가자들의 생생 댓글을 참고하세요!

**소원 권세연**
A38 어머나 김미정선생님 가을편지 노래 제가 정말 좋아하는 노래인데 무반주로 불러주시니 감동이 배가 되네요
감사합니다

저는 저에게 가을편지 노래를 알려주시고 항상 사랑으로 애써주셨던 중2담임 선생님께 편지써드리고 싶네요
10월 22일 오후 12:08 3

**浩然 한민수 코치** 호연지기빛을 당신에게 비춥니다^^
**소원 권세연** 오~ 가을편지를 알려주신~ 선생님 감성적이셔~^^
10월 22일 오후 12:10

**나너우리 박희보**
A038 친구의 시에 세월의 흐름을 느낍니다. 공감가는 어귀에 마음이 머물다 오랜만에 친구의 시 밑에 좋아요와 안부 댓글을 단니다. 오늘은 세월의 흐름속에 잘 버티고 살아 준 자신에게 편지 씁니다. 잘 살아 왔다고... 잘 살고 있다고... 잘 살아 갈꺼라고... 격려의 편지를...
10월 22일 오후 1:09 3

**나조아 이문희**
김미정 선생님! 노래까지 불러 주시고.. 정말 멋지세요^^
저는 두 통을 쓰고 싶네요. 하나는 제가 가장 사랑하는 남편에게.. 점점 더 커져가는 사랑에 대한 고마움과, 혼란한 세상에서 중심을 잡도록 도와주는 지혜에 존경의 마음을 담아 전하고 싶구요... 다른 한 통은 열심히 살아가는 제 자신에게도 쓰담쓰담의 마음을 담아 쓰고 싶습니다!
10월 22일 오후 1:24 4

# Q
# 039

## 그동안 읽은 책 중에서 당신에게 울림이 있는 책 제목은 무엇인가요? 그리고 그 책 속에서 감명 깊게 읽은 글귀를 적는다면 어떤 글귀를 적고 싶은가요?

A039

A039

A039

# 랜선코칭클럽 #039

**김튜터 김주영**
A039 왓칭이 문득 떠오르네요, 그즈음 자기개발서를 엄청 읽고서는 무슨 책들이 다 알만한 똑같은 말들만하고있지? 오만한 생각을 하며 독서를 쉬고있었는데, 지인의 추천으로 읽고는 조그마한 생각의 차이가 삶에있어서 중요하게 작용한다는걸 느꼈고, 책내용과는 별개로 책들은 읽는게 끝이아니라 바로 바로 적용해서 행동하는것이 중요하다는걸 느끼게해준 책인것같아요!

**옹달샘(Spring)_이홍원** that gives you a new hope in y...
A039 . . 나는 내가 소중히 여기는 가치를 어느 순간에도 포기.타협하지 않고 잘 지키고 있는가? 를 돌아보게한 글을 옮겨 봅니다.

2003년 투르 드 프랑스 사이클 대회에서 있었던 일이다.
미국의 랜스 암스트롱이 선두를 달리고,15초 정도 뒤쳐져 독일의 얀 울리히가 2위로 달리고 있었다. 그러던 중 갑자기 튀어나온 구경꾼 때문에 암스트롱이 넘어져버렸다.
암스트롱에게 매번 패하며 만년 2위에 머물던 울리히에게 절호의 기회가 찾아온 것이다.

그러나 울리히는 기회를 이용하지 않았다.

패달을 천천히 밟으며 암스트롱이 일어나기를 기다렸고, 암스트롱이 넘어졌을 때의 거리만큼 자신을 앞서가기 시작했을 때에야 다시 힘차게 페달을 밟기 시작했다.
말 그대로 '정정당당한 2등' 정신이다.
- Growing up 중에서/ 홍성태 지음-

위대한 기다림
감동적인 이야기이지만 치열하게 살아가는 삶의 현장에서 실제 내가 그런 상황이라면? 나는 어떤 선택을 했을까? 절대 포기하지 못할 나만의 가치. 신념은 무엇인가?

랜선코칭클럽 참가자들의 생생 댓글을 참고하세요!

**知止 오정근** 마음부자로 행복하세요^^
톨스토이의 소설 <사람은 무엇으로 사는가?> 입니다.
잠깐 소개를 합니다.

러시아 작은 마을에 아내와 아이들을 둔 평범한 구둣방 주인인 세묜. 그는 가난하지만 그럭저럭 착실하게 살아가고 있다.
자신의 노력과 달리 세상살이는 팍팍하게 돌아갔고, 손님들은 빌린 돈과 외상값을 주기는커녕 온갖 변명 아닌 변명을 들거나 도리어 겁박하면서 주지 않는다. 게다가 아내를 위해 털옷을 사려고 했을 때 자신은 외상도 통하지 않았다. 이렇게 상황이 나쁘기만 하니 결국 화가 잔뜩 나서 받은 돈으로 독한 보드카를 사 마시고 투덜대며 집으로 돌아오던 세묜은 교회 옆에서 알몸뚱이 남자를 발견한다. 그는 남을 도와줄 형편이 안된다고 생각해 무시하고 지나치려 했지만, 어쩐지 불쌍한 마음이 들어 자신의 외투를 그에게 입혀주고는 그를 자기 집으로 데려온다.

이를 본 세묜의 아내 마트료나는 돈은 커녕 노숙자나 데려온 세묜에게 화를 내며 욕을 해대다가 세묜의 한마디 질문에 태도가 완전히 바뀐다.
어떤 질문일까요?

"당신의 마음 속엔 하느님도 없소?"
이었다. 그 질문에 아내는 마음이 누그러졌고, 어째서인지 그가 가엾게 여겨지고 식사도 제공한다. 그러자 그 남자는 처음으로 미소를 지어 보였고, 자신의 이름이 미하일임을 알려준다.
ㅡㅡ
우리들은 무엇으로 살아가 는 걸까요?
10월 23일 오후 12:47 1

**긍정해바라기_서희승** 진정성+평정심
**知止 오정근** 저도 그 질문에 곰곰히 생각해보겠습니다 ^^
10월 23일 오후 3:30

# Q
# 040

# 이 계절의 바람은 당신의 어떤 감정을 담고 있나요?

A040

A040

A040

# 랜선코칭클럽 #040

**나조아 이문희**

A040 와! 반갑습니다! 저도 찬바람이 코끝에 찡!하게 와닿을 때 살아있음을 느끼곤 했어요^^

요즘의 바람은 자연의 힘을 느끼게 하며 저를 겸손하게 합니다. 올 한해를 돌아보며 서서히 마무리할 것과 새롭게 준비할 것을 생각하게 합니다.. 앗, 이것은 생각이네요, 감정은 아쉬움, 기대감, 설렘, 감사... 입니다!😊

**바람코치 신은희**

A040. 상쾌함/ 으스스함/ 온전함 을 느낍니다.
온라인강의가 많다보니 바람을 느낀다는건 환기할때나 밖을 걸을때이니 제가 시간이 났다는뜻이라 상쾌합니다.
간혹 밤에 걷거나 몸살났는데 걸었을땐 으스스했어요.
제가 또 바람코치다보니 바람은 자유롭고 온전한 느낌을 줍니다❤

**긍정해바라기_서희승** 진정성+평정심

A040.예전엔 추운것을 극도로 싫어했는데 이젠 찬바람을 콧속깊게 들이마쉬는 버릇이 생겼습니다. 온몸으로 찬바람이 내몸을 더 건강하게 해주는 활력소가 되어주었네요^^이번 가을의 바람은 새로운 기대감의 감정을 주고있습니다^^

**옹달샘(Spring)_이흥원** that gives you a new hope in y...

A040 출근 길에 맞는 시원한 가을바람은 한 주를 활기차게 시작하게 하는 에너지를 주며..가을 바람으로 인해 나뭇잎들이 노랗게 붉게 물게 하는 마법 같은 선물로 다가옵니다. 오늘 하루도 주위에 즐거움과 좋은 에너지를 선물하는 갈바람으로 살아가야 겠습니다.

랜선코칭클럽 참가자들의 생생 댓글을 참고하세요!

**JD 김현경**
상쾌함이 느껴지면서 새로운 시작을 기대하게 되는
마음입니다♡

**멍석 연영주** 맘껏 드러낼 수 있도록 멍석을 깔아드리는 코치입...
A040. 가을은 남자의 계절이라하던데
저는 완전 남자인거 같아요 ㅎㅎ
가을바람이 저를 감성적인 감정으로 이끄네요 ㅎㅎ
곧 겨울이 찾아올것 같은데 얼마남지 않은 가을바람에 오늘도
감성적인 감정을 느껴봅니다 ㅎ
10월 26일 오전 7:55 5

**김튜터 김주영**
멍석 연영주 가을남자로 충분히 가을을 만끽하시길^^

# 지금은 분별력이 필요한 시대

Q041–Q050

# Q
# 041

# 당신은 무엇을 할 때
# 에너지가 차오르나요?

A041

A041

A041

# 랜선코칭클럽 #041

**긍정해바라기_서희승** 진정성+평정심
Q041.강의날이 되면 전작업으로 피곤모드이나 막상 큐하고 강의시작하면 신나고 즐겁습니다. 강의장이 무대이고 난 멋지게 배역을 소화하는 주인공이라 생각합니다.또 그곳에서 새로운 사람들과 공감하는 에너지장의 만남으로 더 텐션이 올라가네요^^
10월 27일 오전 7:23 4

**옹달샘(Spring)_이홍원** that gives you a new hope...
**긍정해바라기_서희승** 주인공 코치님의 감명깊은 연기에 배우 뿐 아니라 관객들에게도 긍정.행복에너지가 전달되는 것이 느껴집니다.

**知止 오정근** 마음부자로 행복하세요^^
책이나 영상 혹은 대화하면서 감동 스토리를 만나거나 깨달음을 얻을 때는 순간적으로 기분이 업이 되고요, 코칭이나 강의하면서 작동이 잘 될 때 에너지가 올라갑니다. 특히 코칭 중 난제가 풀려 상대가 좋아하면 더없는 보람을 얻게되고 기억에 저장도 잘 됩니다.

**나조아 이문희**
A041
누군가와 의미있는 대화를 할 때,
새로운 프로그램을 기획할 때,
나를 깨우는 책을 만날 때,
내 선물을 기뻐하는 상대를 볼 때,
코칭을 통해 새로운 인식을 갖게 되었다는
고객의 소감을 들을 때...
에너지가 차오릅니다 😍
10월 27일 오전 8:14 4

랜선코칭클럽 참가자들의 생생 댓글을 참고하세요!

**JD 김현경**
새로운 일에 도전할 때 에너지가 솟아오릅니다^^!!그리고 푹 자고 났을 때요~♡

**숲향—정혜연**
A041
사람들과 함께하는 일들을 기획하고 그일에 함께 하는 이들이 있을때 흥이 납니다
새로운일들을 할때  신이납니다

**터프여걸 장윤정** 하반기 첫날~ 행복을 느끼며

**나너우리 박희보**
A041 걸을 때 힘이 납니다. 그냥 조용히 걸을 때... 나를 향해 가는 것 같아요~
10월 27일 오전 11:29 2

**浩然 한민수 코치** 호연지기빛을 당신에게 비춥니다^^
**나너우리 박희보** 오~ 길을 걷는 힘, 박희보님을 향해 가는 길^^

Q
042

# 지금 당신의 건강 상태를 이미지로 표현한다면 어떠한가요?

## A042

## A042

## A042

# 랜선코칭클럽 #042

**터프여걸 장윤정** 하반기 첫날~ 행복을 느끼며
항상 비타민. 미네랄을 챙겨먹고 ~ 출산 후 살이 안빠집니다..ㅜ.ㅜ 하루에 만보씩 수업다니며 걷는데도 그럽니다...

항상 달리고~ 내일은 또 다른 오늘처럼 살려고 노력하겠습니다.♡

10월 28일 오전 8:48 4

**숲향—정혜연**
**터프여걸 장윤정** 비타민같은 신선함으로 살도 빠지시고 달리는 모습으로^^
10월 28일 오전 9:26

**浩然 한민수 코치** 호연지기빛을 당신에게 비춥니다^^
**터프여걸 장윤정** 최선을 다하시는 모습에 격려드려요~ 점차 더욱더 건강해지실것 같아요^^

**멍석 연영주** 맘껏 드러낼 수 있도록 멍석을 깔아드리는 코치입...
A042. 방전된 에너자이저입니다.

다시 충전해서 밧데리 충만된 에너자이저로 만들어야겠네요~
10월 28일 오전 8:51 3

**바람코치 신은희**
**멍석 연영주** 힘내세요!^^/

랜선코칭클럽 참가자들의 생생 댓글을 참고하세요!

**바람코치 신은희**
A042. 절묘한 타이밍입니다. ㅎ 매주 화욜은 자꾸 밤을 새게되네요ㅠ 건강을 위해 야근은 그만하고픈데 자꾸 일 욕심이 건강을 해치는 단계입니다. 지난주엔 링거까지 맞아서 조심해야하는데 이번주도 일정이 빡빡하네요ㅠ 오전강의— 끝나면 잠깐이라도 눈붙여봐야겠어요...
넘 의미있는 질문이었습니다🙏
10월 28일 오전 8:56 😍 2

**숲향—정혜연**
바람코치 신은희 건강챙기세요 링거투혼까지 ㅠ
오전에 숙면으로 ^^
10월 28일 오전 9:28

**나조아 이문희**
바람코치 신은희 와... 다들 정말 대단하시네요 ㅠㅠ
쪽잠으로 조금이라도 기운 올리시길요

**긍정해바라기_서희승** 진정성+평정심
Q042.몸은 지치지만 마음은 편안하고 여유로와... 이미지로 나타내면 호빵이네요 ㅎ체력을 기르기위해 이번주말 꼭 등산할것을 실천하기로 약속드립니당^^
10월 28일 오전 9:42 😍 2

**숲향—정혜연**
긍정해바라기_서희승 여유로움이 있는 호빵님 이번주 등산후 이쁜 가을이야기도 기대해요^^
10월 28일 오후 12:41

**浩然 한민수 코치** 호연지기빛을 당신에게 비춥니다^^
긍정해바라기_서희승 호빵. 호빵 먹고 싶네요 ㅎㅎ / 주말 등산 인증샷, 전경사진 기대해요~~ ㅎㅎ
10월 28일 오후 4:04

# Q
# 043

# 당신은 세상에서 하나밖에 없는 셰프, 인생 요리사입니다. 오늘 밤 디너파티에 어떤 분들을 초대하고 싶고, 어떤 요리를 맛있게 만들어 대접하고 싶은가요?

A043

A043

A043

# 랜선코칭클럽 #043

**감사.사랑.축복합니다.안 남섭코치**
A043 어제 만난 15년 차수업을 같이한 화정다락회 회원들을
11월16일 안코치의 공감식탁에 점심초대했습니다.
15년 같이 차생활하며 같이 나이들어 가며 수 많은 삶의
변화를 체험하며 서로 지나온 삶 현재의 샾 남은 삶을 반찬으로
사람과 우리 사회를살리는 의미있는 공감식탁 코칭대화로
풍성해질 것 같네요.

10월 29일 오전 10:47 5

**浩然 한민수 코치** 호연지기빛을 당신에게 비춥니다^^
**감사.사랑.축복합니다.안 남섭코치** 감사하우스 공감식탁
그립습니다~ https://m.blog.naver.com/
gracelaw/221126878855

**미래마을 여행, 삶으로 펼쳐지다.**
사단법인 미래준비, 10월 미래마을포럼이 안데...
m.blog.naver.com

**터프여걸 장윤정** 하반기 첫날~ 행복을 느끼며
건강에 좋은 음식을 먹고 싶습니다.~
부비동염에 걸려 너무 힘든 하루를 살아내고 있습니다.^^
가족과 함께 대접받는 요리를 먹고 싶습니다.

아프니까 교육을 해도 수업을 해도 효율성이 없고 계속 쉬고
싶다는 생각이 듭니다.~ 나를 성장 시키려면 공부가
제일입니다.♡
10월 29일 오전 11:09 5

**知止 오정근** 마음부자로 행복하세요^^
**터프여걸 장윤정** 어서 쾌차하시고 많이 웃으시는 시간
보내시기 바랍니다^^
10월 29일 오전 11:40

랜선코칭클럽 참가자들의 생생 댓글을 참고하세요!

**카르페디엠 노태성**
A043 저는 좀 특별하게 생각을 해보랐습니다 예전부터 사람은 고쳐쓰는거 아니다 라는 이야기를 많이 들어왔지만 하나님의 사랑으로 변화가 되는 몇몇의 사람들을 보면서 희망을 가지게 되었고 얼마전부터 간간히 기도하고 있습니다 그래서 저는 가출을 한 청소년이나 불량청소년 8명을 초대하고 싶습니다 음식은 방금 막 한 따뜻한 밥과 구수한 된장찌개 그리고 각종 밑반찬을 준비해 대접하며 그들의 마음을 들어보고자 합니다
10월 29일 오전 11:12 8

**知止 오정근** 마음부자로 행복하세요^^
**카르페디엠 노태성** 나눔을 소중히 하시면서 정이 많으신 분이시네요^^
10월 29일 오전 11:41

**浩然 한민수 코치** 호연지기빛을 당신에게 비춥니다^^
**카르페디엠 노태성** 와~ 멋집니다. 그 희망과 사랑, 변화와 기도가 회복하게 합니다. 쉼터 청소년들이 따뜻한 밥과 구수한 찌개를 맛보며 행복해하는 모습이 벌써부터 전해옵니다~~

**리나 이민지코치**
A043 저는 저의 25년지기 친구들을 파스타, 샐러드, 스테이크 등등을 요리해서 초대하고 싶습니다. 예쁘게 세팅해서 맛있게 먹으며 누구의 방해도 없이 마음껏 수다떨며 웃고 싶네요. 육아와 일들로 지친 일상에 서로 힘을 주는 힐링의 시간을 선물해주고 싶어요^^
10월 29일 오전 11:14 3

**浩然 한민수 코치** 호연지기빛을 당신에게 비춥니다^^
**리나 이민지코치** 오랜 친구들과 함께 맛있는 음식과 살아가는 이야기를 나누며 힐링하는 시간이 큰 선물입니다~

# Q
# 044

## 당신은 당연히 보호받아야 할 권리를 가지고 있습니다. 특히 당신의 보호받아야 할 권리, 특성, 성격, 가치, 특이점 등은 무엇인가요?

**A044**

**A044**

**A044**

# 랜선코칭클럽 #044

**나조아 이문희**

A044 저는 감사하게도 개인적인 공간과 시간은 잘 보호되고 있네요.. 대신 요즘 많이 생각하는 것은 "다르게 생각할 권리"가 사라지는 시대를 살고 있는 듯 합니다... 말로는 다들 다양성을 외치지만, 그 어느 때보다 흑백논리와 획일화, 일반화가 많은 것 같습니다. 최종 합의에 이르기 전까지는 서로 다른 의견이 의견으로서 보호받는사회를 꿈 꿔 봅니다.

10월 30일 오후 5:02 3

**浩然 한민수 코치** 호연지기빛을 당신에게 비춥니다^^

A044. 현대코칭의 아버지 '토마스 래너드'의 코칭책에 보면 ≪잘 보호받아라≫는 세션이 있습니다. 이처럼 우리 일상 삶 속에는 "잘 보호받기"가 참 중요하다는 사실을 코칭을 배우면서 깨닫게 되었습니다. 이전에는 내가 왜 맞아야 하는지도 모른채 직장생활/가정/일상생활에서 맞기도 했는데, 이 모든 것이 저 자신을 잘 보호할 줄 몰라서 였습니다. 그래서 그런지, "자기 자신을 보호하는 것"은 무척이나 중요하고, 이것이 곧 "상대방을 더 잘 보호하게 되는 지름길"임을 알게 되었습니다.

요즘 저는 보호받기에서 저의 호흡이 무척 중요함을 알게 됩니다. 특히 사람의 생명은 호흡에 있음을, 코로나19 이전에도 이것은 저에게 무척이나 중요했습니다. 들숨과 날숨은 저의 생명을 연장하는데 무척이나 중요하고 소중하니까요. 그런데 요즘 부쩍 늘어났습니다. 길거리에서 담배피는 분들.. 특히 횡단보도에서, 오토바이 타면서, 인도의 절반에 대거모여서 담배피는.. 저는 어쩔 수 없이 돌아서 갑니다. 저도 담배를 잠시 핀 적은 있지만, 담배는 정말 제가 유일하게 싫어하는 존재입니다. 친구들은 이 사실을 알기에 골초인 친구도 저를 만나면 절때 피지 않습니다 ㅋㅋ 제발 이동 중에 담배피지 마세요 ㅠㅠ 횡단보도에서 피면 어떡하죠 ㅠㅠ ㅋㅋ 또 여기에 푸념을 늘어놓습니다. ㅎㅎㅎ

10월 30일 오후 5:37

랜선코칭클럽 참가자들의 생생 댓글을 참고하세요!

**감사.사랑.축복합니다.안 남섭코치**

A044 인간의 존엄과 다른 의견과 생각이 보호받을 수 있어야
우리사회에 만연된
폐쇄적이고 획일적인 사회의 폭력성을 탈피할 수 있으리라
생각합니다.

**Annie_유지은**

A.044 나다움을 보호받고 싶네요. 나다움에는 가치관, 삶의 방식, 양육방식 등이 포함되는 거 같아요.
상대의 행동과 가치관을 옳고 그름의 문제로 비난하면서 자신의 기준을 따르길 유독 강하게 요구하는 사람들이 있죠. 제 주변에는 좀 많았던 거 같아요ㅎㅎ 그래서 나다움을 보호받고 싶은 마음이 언제나 있어 왔습니다.
그런데 제 안에도 그 모습이 있어요. 나는 상대의 어떠함을 존중해 주는 사람이라고 생각했는데, 존중은 해주나 내 기준을 따라주길 바라는 마음이 내 생각보다 강했음을 깨달았습니다.

나다움을 보호받길 원한다 알려도 침해받지 않기는 쉽지 않은 거 같아요. 그리고 상대의 어떠함을 존중해 줘야 한다는 걸 알면서도 저 또한 침해하게 되네요.
결국 초점은 저에게로 돌아옵니다. 나다움을 보호해 주지 않는 사람에게는 '인간의 본성이 그러니 그럴 수 있지' 생각하는 것, 그리고 나의 주인도 타인의 주인도 내가 아닌 하나님이심을 기억함으로 상대의 어떠함을 존중할 힘을 얻게 되는 것, 두 가지의 지혜를 잊지 않고 발휘하고 싶네요.

**바람코치 신은희**

A044. 맘껏자유로울수있는개인시간이요. 특히 화장실에 있을때, 잠잘때 평안함을 침해받아요. 아이들이 수시로 엄마를 찾으니까요ㅠㅠ 자아실현을 지향하지만 생리적 기본욕구도 보호받지 못하는 요즘입니다....

Q
045

# 자신감보다 담대함이 발휘되면 무엇이 달라지게 되나요?

A045

A045

A045

# 랜선코칭클럽 #045

**옹달샘(Spring)_이흥원** that gives you a new hope in y...
A045 조직이란 살아 숨쉬는 생명체라 예상치도 못하는 일들이 생겨 답답한 하루를 보냅니다. 어떻게 대처를 해야할까 시간을 가지고 생각을 하다가 오늘의 질문을 되새기며 담대함(겁이 없고 용감한 기운)을 발휘하여 결정을 내려야 겠다고 다짐합니다.

지금의 결정이 조직원들에게 힘이 들고 업무상 어려움을 줄 것이 예상되더라도 과감하게 결정을 내려야 우리가 지켜야할 원칙과들을 기억하고  깨뜨리지 않을 수 있을 것입니다.

**나조아 이문희**
A045 담대함... 오늘 코칭 퀘스천을 아침 일찍 보고, 망설이던 일을 향해 한 걸음 내딛었습니다. 자칫하면 오해를 받을 수 있는, 그러나 저의 성장을 위해서는 필요한 일 앞에서..
오해받지 않으려 그냥 물러서기보다 앞으로 나아가며 오해가 생기면 어떻게든 잘 풀어내겠다는 담대함을 선택하기로 하였습니다! 앞으로 나아가게 하는 질문을 주셔서 감사합니다! 👍

**Annie_유지은**
A045. 담대함이 발휘되면 아이의 돌발행동, 과잉행동으로 인한 사건과 반응들에도 일희일비하지 않게 됩니다.
기질적으로 예민하고 까다로운 아이인지라 얼굴 붉어지는 일들이 갑작스레 일어나곤 해요.
제가 많이 단련되었음에도 여전히 아이와 함께 사람들을 만날 때는 저도 모르게 긴장하게 됩니다.
대체로 감정을 잘 다스린다고 생각하는데(자신감) 그러다 저도 감정적으로 대응하고 버럭할 때는 '엄마인 나마저 왜 이러나' 자신감이 바닥을 칩니다.
담대함을 어떻게 발휘해야 할까 생각해 보게 되네요:)

랜선코칭클럽 참가자들의 생생 댓글을 참고하세요!

**지혜 김성희코치** CEO책쓰기코칭
카르페디엠님처럼 저도 주말고민하던걸 아침에 옹달샘 님의 질문으로 담대하게 한건 일을 마무리 하고 나니.개운합니다.
벽이라고 생각하고 멈짓했는데 막상 가보니,
갈수 있는 벽을 통과할 수 있는 방법이 있더라구요.
오늘의 미션감사합니다~^^

**덤덤 이영실(멘탈코치)**
A045
저의 담대함이 발휘된다면....

1.스포츠 선수와 지도자를 위한 멘탈코칭 프로그램을 적극적으로 알리고 확장한다
2.소외계층 유소년 선수들의 성장과 지원을 위해서 멘탈코칭으로 기여한다
3.1과2를 열정적으로 함께 할 수 있는 멘탈코치를 양성한다

**아하_한혜정코치**
Ao45.겸손함입니다. 남을 나보다 나은점을 찾으면서 배우는 자세가 될때 상대방과 관계도 좋아지고 함께 좋은 시너지가 됩니다^-^

**나너우리 박희보**
A045 작은 시련과 주변의 평가에도 흔들리지 않고 억매이지 않으며 담대하게 뚜벅뚜벅 자신의 살아가고자 하는 삶의 모습대로 방향으로 골로갑니다.
11월 2일 오후 8:54 1

# Q
# 046

## 당신의 삶에서 터닝포인트는 무엇 또는 언제인가요? 그리고 앞으로 예상되는 터닝포인트가 있다면, 어떻게 대응하고자 하나요?

A046

A046

A046

# 랜선코칭클럽 #046

**긍정해바라기_서희승** 진정성+평정심
A046.2018년 강의를하면서 생각보다 돈은 벌었지만
정신적으로 허기적이고 무언가 더 나은삶에대한 갈망을
품었던 제가 코칭의 배움을 시작해서 코치로서 일을 시작한게
저의 삶의 터닝포인트인거 같아요~~
코치로서 배고픔의 시절을 겪고있지만 마음과 정신은
풍족합니다 ㅎ
이제 시작을 하는 코치로서 한걸음 한걸음 성장하고
성숙해진다면 당연스레 주머니도 채워지길 예상해봅니다^^
11월 3일 오전 8:00 5

**소원 권세연**
긍정해바라기_서희승 어머나♡
저랑 비슷한 느낌을 가지고 계신것 같아 반가운 마음이
가득하네요^^
함께 성장하고 싶습니다 ^^
11월 3일 오전 10:16

**향기_김미정**
긍정해바라기_서희승 코칭을 통해 마음과 정신이
풍요로워지는건 긍정해바라기코치님의 진심으로 코칭을
사랑하고 코치로써의 삶을 잘 실천해나가시는 멋진
모습임에 틀림없습니다. 그런 긍정해바라기님이
자랑스럽습니다.^^
11월 3일 오후 12:39

**知止 오정근** 마음부자로 행복하세요^^
퇴직 후 캐나다 이민에서 돌아와 코칭을 배우고 코치로서의
삶이 시작된 점과 철학을 공부하여 철학과 코칭을 접목한 삶이
시작된 것이 커다란 터닝 포인트라고 생각합니다.
대학에서 강의나 기업코칭을 그만두면 또다른 터닝 포인트가
되겠고, 밭농사와 더불어 글 쓰는 일을 하겠습니다.
11월 3일 오전 8:55 6

랜선코칭클럽 참가자들의 생생 댓글을 참고하세요!

**소원 권세연**
저는 그때는 몰랐는데 지금 생각해보니 중2때 담임 선생님의 "환경은 중요하지 않아! 너의 생각과 마음이 중요해" 라는 말씀이 저를 버티게 하는 1차 터닝포인트 였던것 같아요.2차 터닝포인트는 자존감을 바닥으로 치닫게 했던 첫직장 상사덕분에 삶의 코너에 몰려 떠났던 인도 여행에서 제대로 살아보고 싶다는 생각이 들었던것.3차 터닝포인트는 석사과정 시작이예요.그리고 지금 매일 만나는 랜선코칭맛집 덕분에 매일 저도 몰랐던 저와 만나는 설레임이 있어요

앞으로 지금 마음 잃지 않고 열심히 배우고 성장하겠습니다

**나너우리 박희보**
A046 내 삶의 터닝포인트는 2년 후의 은퇴입니다. 새로운 삶에 대한 시도와 도전을 할 수 있는 기회가 주어지는....
11월 3일 오전 11:04 6

**浩然 한민수 코치** 호연지기빛을 당신에게 비춥니다^^
**나너우리 박희보** 2년 후 터닝 시프트를 준비하시는 나너우리 님을 응원합니다 ^^

**옹달샘(Spring)_이흥원** that gives you a new hope in y...
A046 저의 첫 번째 터닝포인트는 고등학교 3학년 때 천국의 사냥개에게 잡힌 것..내 얼굴에 미소가 생기고 삶이 아름답게 보이기 시작하고 누군가의 본이 되고 도움을 주는 삶을 소망하게 된 것입니다.
두번째는 회사생활 하며 2013년 코칭을 만나 나를 돌아볼 뿐더러 회사내 직원들의 고민을 들어주고 잘 극복해가도록 함께 동행하며, 문제가 있더라도 무한한 가능성의 존재로 바라보는 눈이 생긴 것 입니다.

# Q
# 047

# 당신이 좋아하는 단어 세 개와 그 이유는 무엇인가요?

A047

A047

A047

# 랜선코칭클럽 #047

**터프여걸 장윤정** 하반기 첫날~ 행복을 느끼며
1. 수고했어! : 힘이 나는 말이고 저를 하루동안 힘든 부분을 위로해 줍니다.
2. 엄마~: 아들이 저를 불러주면 힘이 납니다. 결혼 후 저도 친정 어머니 생각만 하면 가슴이 아려옵니다.^^
3. 도전 ! 이벤트! : 동기부여가 됩니다.~ 오늘은 새벽같이 나와 정왕고 학교 강의 갑니다.~ 이 또한 정강사 도전 이겠지요?! ㅎㅎㅎㅎ

**향기_김미정**
A047. 사람,열정,진정성
1) 사람 : 사람이 희망이고,재산입니다.
제가 사람을 좋아하고,
사람과 소통하는걸 참
좋아합니다.~^^
2) 열정 : 머든 하고싶은 걸 하고 살려면,
이왕 하는거 열정적으로 하는것을
좋아합니다. 열정적으로하면 후회도
없고 결과도 좋았던 것 같아요.
3) 진정성 : 뻔히 보이는 목적으로 사람을
대하는걸 느낄 때 참 속도 상하고,
심하면 마음에 미움과 불편함이
자랍니다. 내마음이 진심이고,
상대에게 진정성있게 대할 때
상대와의 관계나 인연도 오래
가게되고 내마음에 후회도 없죠.
그 덕분인지, 저는 인복이 많은
사람입니다. 좋은 분들이 늘
함께하니까요..~^^

11월 4일 오전 6:44 1

**상선약수 김혜영**
**향기_김미정** 미정코치님~~인복이 많으신 이유가 역시 사람에 대한 진정성과 열정이셨네요!

랜선코칭클럽 참가자들의 생생 댓글을 참고하세요!

**멍석 연영주** 맘껏 드러낼 수 있도록 멍석을 깔아드리는 코치입...
A047.
1) 진실: 진실은 결국 통한다고 믿습니다.
2) 성실: 모든일의 근원이 된다고 믿습니다.
3) 신뢰: 관계에서 가장 중요하다고 생각합니다.

**상선약수 김혜영**
A047
1. 사랑— 깊고 넓고 아름다운 사랑이 내안에 가득했으면 좋겠습니다.
2. 조화— 균형, 중용,등 좌로도 우로도 치우치지 않는 균형을 갖춘 삶을 살고 싶습니다!
3. 온유—부드럽고 온화한 온유의 성품을 지니고 싶습니다!

질문 내고 답을 다려니 쑥쓰럽네요^^

오늘 좋아하는 단어가 내면에 가득 차 올라서 기쁜 날이 되셨으면 좋겠습니다!

**긍정해바라기_서희승** 진정성+평정심
A047.사랑,감사,평정심
1.사랑해란 말만해도 입가에 미소가 가득찹니다.
믿음소망사랑중 그중에 제일이 사랑인것처럼 모든 의미가 함축되어있는것 같아요
2.제가 가장 많이 사용하는 단어인거 같아요 감사라는 말 속에서 힘을 얻고 행복이 넘칩니다.
3.마음이 가장 평화롭고 온전한 상태가 평정심이지 않을지요...세상변화에 귀울이다보면 세상만사가 일희일비한것 같아요...사람이 제일 약한 존재라는것을 깨닫습니다. 중도의 마음에서 평정심을 가지는게 제가 추구해야할 덕목인거 같아요

# Q
## 048

# 지금까지 참 잘 살아오셨습니다. 이것만큼은 계속하거나 다시 해도 좋겠다고 생각되는 것은 무엇입니까?

A048

A048

A048

# 랜선코칭클럽 #048

**덤덤 이영실(멘탈코치)**
'끊임없이 배움을 실천해 온 것'
배움을 즐겁게 이어오고
배움을 기쁘게 나누는 삶을 살아온 것은

계속하고 다시 해도 좋겠다는 생각이 듭니다

**知止 오정근** 마음부자로 행복하세요^^
1) 계속 해오고 있는 일 - 회사 다닐 때 자주 듣던 말이 "너는 공부할 사람이다, 공부를 더하라"는 말이었습니다. 뒤늦은 나이에 선배의 한 마디에 용기를 내어 박사공부를 마치고 나니 정말 대학에 이어 대학원에서도 학생들을 만나는 기회가 생겨 신기했습니다. 덕분에 저도 계속 공부를 하게 되어 좋고 매주 배움을 나누는 시간이 행복합니다.
2) 다시 하면 좋은 일 - 신춘문예에 도전하기 위해 100일 동안 매일 글을 써서 문인으로 등단했던 때가 생각납니다. 구슬은 많이 모은 것 같은데 하나로 꿰질 못한 것에 아쉬운 느낌이 듭니다. 체계적으로 차근차근 쓰는 습관을 갖고자 합니다. <습관 만들기 100일 프로젝트>에 다시 도전하고 싶습니다.

**바람코치 신은희**
1. 출산은...계속하고 싶진 않지만 후회없는 일입니다. 두 아이가 제게 온 이유가 있겠지요😍

2. 호기심천국인 제가 10년 넘게 이어오고 있는 커리어코칭 분야는 처음으로 제가 싫증?안 내고 지속하는 일입니다. 앞으로도 계속할것입니다.

3. 다시 해도 좋겠다고 생각되는 일은 결혼식 축가/찬양대회송 등입니다ㅎ 노래로 타인을 빛나게 하는 일은 늘 감사하고 기분좋습니다. 코로나땜에 요즘은 통ㅠ못하지만요...

랜선코칭클럽 참가자들의 생생 댓글을 참고하세요!

**浩然 한민수 코치** 호연지기빛을 당신에게 비춥니다^^

A048.

(1) 해외근무, 특히 개발도상국에서의 짧은 근무였지만 자양분이 되었고, 기회가 되면 다시 파견나가고 싶네요.

(2) 코칭, 코칭이 초등학교 부터 정규 수업이 되었으면 좋겠네요. 워낙 대화하는 방법을 30년 이상 모르다가 코칭대화모델을 만났을 때 유레카를 외쳤습니다.

(3) 긴급구호 활동, 재난이 있어서는 안되지만 불가항력적이기에 긴급구호 활동가가 필수적이네요. 이 활동은 언어와 문화, 종교의 장벽을 넘어 하나되게 하는 기능도 있고, 2005년 파키스탄 긴급구호때 생일이었는데 현지인 변호사가 RQLEX를 선물해줘서 감동했었습니다 ㅎㅎ (철자 오타 아님 ㅋ)

(4) 한자 거꾸로 쓰기, 첫직장에서 초딩들에게 한자를 가르칠 때, 한자를 잘 못하는 사람이었는데, 1:1로 마주보며 수업하다보니, 저도 한자를 익히게 되고, 한자를 거꾸로 써서 학생이 획순을 쉽게 알아보도록 하는 수업방법, 이 방법이 가끔 코칭할 때도 나옵니다^^

**감사.사랑.축복합니다.안 남섭코치**

A048

1.출퇴근이 가능한 전원 양평으로 이사들어와 산지 22년 맑은 공기 맑은 물 자연의 변화를 실감하며 잘 살아온거 감사하고 번잡하고 불필요한 일 줄이고 코칭확산과 지역사회를 풍요롭게하며 현재에 집중하고 기여하는 삶 계속하려합니다.

11월 5일 오후 8:34 5

**知止 오정근** 마음부자로 행복하세요^^

감사.사랑.축복합니다.안 남섭코치 누구나 꿈꾸는 삶이며 많은 사람들의 롤 모델이십니다^^

11월 5일 오후 10:10

# Q
# 049

## 삶에서 가장 집중력을 발휘했던 순간은 언제이며, 무엇이 집중하게 하였나요?

**A049**

**A049**

**A049**

## 랜선코칭클럽 #049

**멍석 연영주** 맘껏 드러낼 수 있도록 멍석을 깔아드리는 코치입...
A049. 한참을 생각해봤네요^^ 삶에서 집중력을 발휘했던 순간! 언제였을까요?
지금 이순간 최대한 집중력을 발휘하고 있네요! 이유는 미션을 달성하기위함입니다
11월 6일 오전 8:44 6

**바람코치 신은희**
**멍석 연영주** 저도 똑같은 댓글 쓰려고 했었어요ㅎㅎ
11월 6일 오전 9:40

**멍석 연영주** 맘껏 드러낼 수 있도록 멍석을 깔아드리는...
**바람코치 신은희**
제가 조금 빨랐네요 ㅎ
'인생은 타이밍' 이라는데 ㅎㅎ

**知止 오정근** 마음부자로 행복하세요^^
생각해보니 세 가지였던 것 같습니다. 첫째는 내가 아주 좋아하는 일, 둘째는 다른 사람과 연결된 중요한 일, 셋째는 나를 관찰하는 사람이 있는 일인 경우입니다. 구조적으로 반드시 집중해야 하는 코칭, 강의가 있는가 하면, 스터디 모임에서 주제 발표나 논문제출과 같이 시한이 정해진 일에 집중했었습니다. 이 글을 작성하면서 내가 집중을 잘 하려면 어떻게 할 것인가,에 대한 답을 찾게 되었습니다. 내가 해야 할 일에 대해 좋아할만한 이유를 충분히 찾고, 그 일을 더 집중하기 위해 누군가와 약속을 하거나 내가 관찰되도록 만들면 되겠다 싶습니다. 감사합니다^^
11월 6일 오후 5:58 3

**浩然 한민수 코치** 호연지기빛을 당신에게 비춥니다^^
**知止 오정근** 와~ 성찰을 통한 실행이네요!!
대단하십니다
11월 6일 오후 9:02

랜선코칭클럽 참가자들의 생생 댓글을 참고하세요!

**Annie_유지은**
A049. 저는 '어떤 일을' 할 때는 대부분 집중력이 좋은 편입니다.
그래서 시기적으로 생각해 봤는데, 제 인생에서 가장 집중력이 좋았던 시기가 중학생 때까지였어요. 그때는 시험 기간에 노트필기를 읽으면 해당 수업에 선생님께서 어떻게 말씀하셨는지 처음부터 끝까지 라디오 듣듯이 기억날 정도였습니다. 어떻게 그럴 수 있었는지는 지금까지도 미스터리입니다.
최근 몇 년은 제 인생에서 두번째로 집중력이 좋은 시기입니다.
그 이유는 잡념이 거의 없기 때문입니다.

미루어 생각해보면, 저에게는 잡념이 집중을 못하게 하는 요인입니다. 10여년 동안 의지로는 잡념이 잘 끊어지지 않아서 힘들었습니다. 지금은 말씀으로 잡념이 끊어져서 잡다한 생각이 거의 들지 않아요.
중학생 때는 어떤 노력도 없이, 집중해야 할 순간에 잡다한 생각을 '딱' 끊는게 어떻게 가능했는지 다시 생각해봐도 잘 모르겠어요.

**터프여걸 장윤정** 하반기 첫날~ 행복을 느끼며
경찰시험 공부 하거나 요즘은 일을 하다 뭔가 상담이 안되거나 티칭 실력이 안될때, 초 집중하여 공부 하는 거 같습니다. ~

자투리 시간을 잘 쓰려고 노력 중입니다.

**상선약수 김혜영**
A049
100일 글쓰기를 하고 있는데 글을 쓸 때 집중해서 하고 있습니다~
책을 볼 때 강의 들을 때 사람 만날 때 등 지금 여기 순간에 집중을 하고 있습니다!

# Q
# 050

## 안전지대를 벗어나 담대히 가야 할 당신의 사막은 어디이며 당신의 한 그루 나무는 무엇을 의미하나요?

A050

A050

A050

# 랜선코칭클럽 #050

**아하_한혜정코치**
중년의 제2막을 걷고 있네요. 은혜의 나무에 건강, 영혼충만, 말씀, 기쁨의 가지등을 뻗어서 쉼의 그늘을 갖게 해서 사막의 오아시스를 마련하렵니다^-^
11월 9일 오전 9:31 3

**터프여걸 장윤정** 하반기 첫날~ 행복을 느끼며
잠시 쉬는 장소
일을 하며 나의 의지와 다르게 휴회가 되는경우, 거기가 저의 사막이라 생각합니다.~
11월 9일 오전 9:33 2

**리나 이민지코치**
A050
저에게 담대히 가야할 사막은 코칭고객을 만나러가는 길인것 같아요. 안전지대를 벗어나 나를 만나는 사람들에게 희망이라는 오아시스를 선물하고 저는 보람과 충만의 오아시스를 발견하고 싶습니다~
11월 9일 오전 10:36 3

**김튜터 김주영**
새로운 도전을 위해 내려온 부산, 서울도 타지였지만 이곳은 더 타지같은 느낌에 종종 사막한가운데 같단 생각을 하게되는데요.. ㅎ안주하지 않고 처음 목표했던 나무를 (영어학원, 스피치, 코칭)한그루씩 심으며 작은 오아시스를 만들고싶네요!
11월 9일 오전 11:25 4

랜선코칭클럽 참가자들의 생생 댓글을 참고하세요!

**힐러 조미선**

A050. 사막에서 타죽을 것 같아 지금은 휴직이라는 숲에 들어와 있지만 복직하면 다시 사막에 들어가야 합니다. 예전엔 승진이라는 나무를 향해 모래바람을 헤치고 나아갔다면 복직한 후에는 어떠한 상황에서도 뿌리를 단단히 박고 서있는 '성장한 나' 나무를 만나고 싶습니다. 사람들과 부대끼며 힘들어하고 퇴근하면 시작되는 육아에 아이와 남편에게 화내는 일도 많았는데 사막에서도 자라는 나무라면 '평상심, 넘치는 사랑'이라는 오아시스를 만날 수 있을 것 같습니다. 이미지를 보자마자 저 사막이 직장이라고 생각했는데 적으며 생각해보니 저의 마음 속 같아 보이네요. 멋진 질문 감사합니다.

11월 9일 오전 7:42 5

**긍정해바라기_서희승** 진정성+평정심

A050.담대히 가야할 나의 사막의 길은 아무래도 코치로서의 길인거같아요~~가다보면 저도 오아시스도 만나고 있겠죠...하늘의 북극성을 따라 헤메지 않고 잘 가고싶네요...또한 멋진 코치로서 풍성한 나무의 잎과 열매를 키우고싶습니다^^

11월 9일 오전 8:07 4

**상선약수 김혜영**

A050

사막과 광야를 담대하게 이 삶을 잘 통과 해 가길 소망합니다!
순례의 길에 깨달음과 믿음의 나무를 심으며 가겠습니다.

초월의 맘으로 세상 것을 구하지 않고 자유를 향해서!
묵묵히 담대히 기쁘게 갑니다!

# 사랑하며
# 사랑하며
# 사랑하며

Q051–Q060

# Q
# 051

## 당신에게 필요한 안락한 의자, 공간은 무엇인가요? 그 공간을 무엇으로 꾸미고 싶은가요?

A051

A051

A051

# 랜선코칭클럽 #051

**감사.사랑.축복합니다.안 남섭코치**
A051
최근에 오픈한 동네 문화사랑방 "꽃 책으로 피다"가 안락한 공간이네요.
양평의 숨어있는 사람들이 모이고 연결되어 사람을 살리고 누리는 좋은 일들이 많이 일어나는 사람 꽃밭으로 꾸미고 싶네요.

**나조아 이문희**
지금 제 서재는 책이 한 가득이고 의자도 있지만.. 99% 일하는 공간으로만 사용되고 제 자신과 대화하는 공간은 아니네요.
책상 앞 의자 말고, 놀고 있는 좋은 의자가 하나 있는데.. 그 의자에 갈 때는 컴퓨터와 휴대폰을 머~~얼리 두고, 책과 연필만 들고 가는 원칙을 만들어... 아날로그 감성으로 제 자신과 대화하는 공간을 마들고 싶습니다^^

**옹달샘(Spring)_이홍원** that gives you a new hope in y...
A051 두런 두런 이야기 나누며  향긋한 차와 커피를 마실 수 있는  옹달샘코칭카페~ 벽면에는 책으로 가득 채우고..베토벤 교향곡1~9번 음악이 은은히 울리는 공간. 편안한 쉼과 나눔을 통해 살아갈 새 힘. 새로운 에너지를  얻고 나가는 그런 아름다운 공간으로 여러분을 초대합니다^^
11월 10일 오후 12:42 2

**浩然 한민수 코치** 호연지기빛을 당신에게 비춥니다^^
**옹달샘(Spring)_이홍원** 와~ 베토벤 교향곡이 있는 옹달샘 카페~ 문화 귀족이 따로없네요^^
11월 10일 오후 9:14

랜선코칭클럽 참가자들의 생생 댓글을 참고하세요!

**Annie_유지은**
A051. 저만의 안락한 의자, 공간은 저 혼자만 있는 공간입니다ㅎㅎㅎ
따뜻한 햇살이 비추고 겨울이 오는 풍경이 창문 너머 보이는 자리에 쇼파 하나, 간이 책상 하나 놓고 싶네요.
옆에는 맛있는 커피 무한리필과 성경책, 읽고 싶던 책들, 핸드폰과 블루투스 키보드가 놓여 있습니다.
커피 마시며 성경 읽고 묵상도 하고 기도도 하고 잠시 밖도 내다봅니다. 멍도 때리고 책도 읽고 핸드폰 메모에 이러저러한 생각들, 묵상, 읽은 내용들 기록도 합니다.
아무것도 안 하고, 나만을 위해 하고 싶은 딱 그러한 것들이네요ㅎㅎㅎ

**浩然 한민수 코치** 호연지기빛을 당신에게 비춥니다^^
A051. 아이공 ㅋㅋ 오늘 하루 종일 온라인 줌 화상 면접, 면접관 피드백 위원으로 참여했더니, 허리가 아프네요. 허기도 엄청지고.. 안락한 의자 하나와 갈비한점 구워서 냠냠하고 싶은 밤입니다 ㅎㅎ

제가 갖고 싶은 꽃밭, 사랑방, 책방(도서관)이 ~님들께서 다 준비해주셨네요~^^ 감사합니당^♡^ 함께해요~* ㅎㅎ

**아하_한혜정코치**
A051.화성 동탄에 작은도서관입니다. 4년차인데 책들과 이야기하고 사람들과 소통하면서 힐링이 있고 기쁨이 있고 성장으로 채워지는곳인데 무엇보다 은혜가 있는곳입니다. 사랑으로 충만해서 이웃사랑방으로 많은 사람들의 쉼을 제공하려 합니다♡
11월 10일 오전 11:42 4

# Q
# 052

## 당신이 만약 1+1으로 받고 싶은 것이 있다면 무엇인가요? 그리고 당신이 1+1으로 줄 수 있는 것은 무엇인가요?

A052

A052

A052

# 랜선코칭클럽 #052

**카르페디엠 노태성**
A052 마음의 여유가 1+1으로 더 있으면 좋을 것 같습니다. 특별하게 조급하지 않은 상황에서도 조급하게 일을 하려고 하는 마음이 커져서 놓치는 부분들도 많은 상황이 벌어지는 것이 스트레스가 되는 것 같습니다.

다른이에게 주고자 하는 것은 마음의 문을 여는 대화의 창구가 되어 타인에게 여유가 있는 삶을 더불어 주고 싶습니다.
대한민국이 그런것인지 모두가 화가 많이 나있는 상태로 삶을 살아가는 것 같아서 여유를 추가적으로 주고, 양보라는 것을 하는 삶이 될 수 있도록 되면좋겠습니다. 우선 저부터가 먼저...... ^^;;;;;

**知止 오정근** 마음부자로 행복하세요^^
1+1은 말 그대로 좋은 것을 Double로 주는 것이네요. 내가 선행을 베풀고나서 상대가 실망시키면 서운해 하거나 괘씸하게 생각하던 내 모습을 봅니다. 한 번의 선행이 작동되지 않더라도 앞의 선행이 아깝지 않도록 같은 선행을 한 번 더 하면 좋겠다는 생각을 하게 됩니다. 받고 싶은 1+1도 마찬가지로 제가 실수를 하더라도 한 번 더 너그럽게 용서를 받으면 기분이 좋겠습니다.

**힘찬 안순봉**
저는 1+1 로 식당에서 음식이나 음료 등을 받는 행운을 받고 싶어요. 무심코 시킨 자장면에 짬뽕이 덤으로 온다면 갑자스런 행운으로 정말 기분이 좋을 것 같아요 공짜는 거기까지가 좋은 것 같아요.
제가 주고 싶은 1+1은 격려입니다. 누군가에게 건넨 격려가 2배로 힘을 줄 수 있으면 좋겠습니다
11월 11일 오후 6:37 3

랜선코칭클럽 참가자들의 생생 댓글을 참고하세요!

**바람코치 신은희**

A052. 아침부터 멜로망스의 선물로 시작하니 좋네요💚 저는 저의 자유시간을 1+1으로 받고 싶어요ㅎ 말문트인 아이들과 퇴사한 남편 덕분에 저는 일터에서도 가정에서도 입과 귀가 쉴틈이 없거든요ㅠ 혼자 여유즐기고 싶어요ㅎ

제가 1+1으로 줄 수 있는 것은...사랑과 격려입니다. 최근 코칭에서 끝난후 고객님이 "내가 참 괜찮은 사람처럼 느껴졌어요."라고 말해줬는데 뿌듯하더라고요. 전 입발린 소리보단 원래 있는 그 자체로 바라봐주기를 지향하고 노력합니다. 그래서 저랑 있으면 편안하다는 사람들이 많더라구요😉

오늘 하루도 마음껏 즐기세요💚

**힐러 조미선**

A052. 11월 11일을 두고 1+1을 활용해 지혜가 가득한 질문을 만들어 내시다니 한민수 코치님의 창의력에 감탄합니다.

저는 시간을 1+1 받고 싶어요.
남들보다 더 주어진 플러스 시간을 아무런 방해없이 마음껏 활용하고 싶어요. 불가능한 일이기에 지금 주어진 시간을 더 알차게 써야겠다고 다짐해봅니다.

저에게 두배로 넘치게 드릴 수 있는게 무언가 생각해봅니다. 재산이어도 좋겠지만ㅋㅋ 애정이 가득한 저의 마음을 1+1 로 드릴게요. 솔직하고 담백하게 당신을 있는 그대로 보고 사랑을 담아 토닥여드리겠습니다.

11월 11일 오전 8:22 😍😀2

**긍정해바라기_서희승** 진정성+평정심
힐러 조미선 솔직담백한 사랑...저도 받고싶어지네요^^

# Q
# 053

# 당신의 계절은 어디에 머물러 있나요?

A053

A053

A053

# 랜선코칭클럽 #053

**상선약수 김혜영**
A053
가을의 햇살 아래서 맛있게 무르익길 기다리는 시간인 듯합니다...봄 여름 가을 겨울 반복 되니까 이번 가을은 열매를 맺듯이 알찬 시간이 되면 좋겠습니다!

**힐러 조미선**
A053. 제 계절은 4,5월쯤 길가에 벚꽃이 흩날리고 멀리가지 않아도 사방에 꽃구경을 할 수 있는 봄인 것 같아요. 퍼붓는 열정과 같은 뜨거운 여름을 위해 다양한 시도들을 하고 있는 몽글몽글한 봄.봄.봄. 요즘 그렇게 지내네요.

**김튜터 김주영**
갑자기 BTS의 봄날이 떠오르네요, 추운겨울이 가면 봄이온다는 노랫말이 언제 들어도 와닿는데.. 전 아직 봄을 기다리는 겨울 같네요! 곧 봄이오기를!

**소원 권세연**
A053 저는 1월 말 겨울인것 같아요^^ 곧 봄이 올 거 같기는 한데 아직은 좀 춥고 어둡네요^^

**리나 이민지코치**
A053 저는 여름인것 같아요. 열심히 씨를 뿌리고 땀을 흘리는 계절이요~ 여름이 지나 가을이되면 보람찬 열매들도 거두고 싶네요!

랜선코칭클럽 참가자들의 생생 댓글을 참고하세요!

**터프여걸 장윤정** 하반기 첫날~ 행복을 느끼며
저는 봄인거 같습니다.~~
이제 배우고 배운것을 해보면서 여름 처럼 바쁘고 파란 잎을
푸르게 만들기 위해 노력하는 거 같습니다.~

**知止 오정근** 마음부자로 행복하세요^^
사무엘 울만은 놀랍게도 78세에 청춘(Youth)라는 시를
지었다고 합니다.
청춘이란 시의 시작은
“Youth is not a time of life; it is a state of mind"라고
했듯이, 저의 계절은 아직 봄에 머뭅니다. 저에게서 무엇이
튀어나올지 (spring) 기대하는 마음입니다.^^
번역 보기
11월 12일 오전 10:15 2

**浩然 한민수 코치** 호연지기빛을 당신에게 비춥니다^^
**知止 오정근** 지금 마음이 머무는 곳, 참 아름다운
시입니다. 지금이 푸르른 청년(靑年)의 때입니다~ 知止
오정근 코치님의 Spring 놀랍습니다^^ 또한
후배들에게도 가슴 뛰게 동기부여해주셔서
감사드립니다~

**浩然 한민수 코치** 호연지기빛을 당신에게 비춥니다^^
A053. 인동 忍冬 인동초가 떠오르네요~ 겨울을 잘 안내하고
곧 꽃피울~ 가을햇살이 따뜻한
봄햇살 같습니다.

좋은 질문 감사합니다~
11월 12일 오전 11:12 2

# Q
# 054

## 당신의 인생에서 들었던 최고의 칭찬, 인정, 지지는 무엇이며, 그때의 기분은 어땠는지 표현해 주세요.

A054

A054

A054

# 랜선코칭클럽 #054

**소원 권세연**
A054
저 중학교때는 학기초에 반에서 8등까지 반장후보로 하고 선거를 했는데 중 2때 담임선생님(1학년때 국어선생님)께서 저를 부르시더니 난 네가 1학년때 반장하는 모습이 정말 멋있었어
혹시 2학년때도 반장이 하고 싶으면 우리반 반장 후보는 10등까지 하려고 하는데 어때? 라고 물어보셨었어요 저는 너무 감사했고 반장이 되었고 반2~3등을 줄곧 유지했어요
나는 반을 잘 이끌 수 있는 능력이 있는 멋진 사람 이란 생각을 하며 자존감이 높아졌어요♡

**Annie_유지은**
A.054 첫 직장 대표님께서 "너한테는 내 목숨도 맡길 수 있어" 라고 말씀하셨던 거요. 처음엔 대표님이랑 저랑 서로 안 좋아했었어요ㅎㅎ 대표님도 누군가를 쉽게 신뢰하시는 분이 아니셨고요. 그때의 기분이 어땠는지는 기억이 나진 않지만 지금까지도 그 순간을 생각하면 마음에 잔잔한 먹먹함과 뭉클함이 있어요.
직장 옮기고 나서도, 연애할 때도, 결혼하고 가정의 어려움을 겪을 때도 한결같이 따뜻한 눈길로 온유한 지지를 보내주시는 분이세요.

살아오면서 참 많은 칭찬을 받아왔는데 최근 몇 년은 비난과 판단을 받는 일이 더 많아 이전의 칭찬을 다 덮어버렸다는 걸 이 질문을 통해 깨달았어요.
앨범 위에 두껍게 쌓인 먼지를 후훅~ 불어내는 마음입니다.
남편과 아이가 한결같이 표현해 주는 지지와 인정을 또한 자각할 수도 있었네요. 좋은 질문 감사합니다:)
11월 13일 오후 5:00 1

**浩然 한민수 코치** 호연지기빛을 당신에게 비춥니다^^
Annie_유지은 와~ 엄청난 신뢰를 받으셨네요!! 대단합니다!! 온유한 지지, 가족의 한결같은 지지와 인정이 우리에게는 언제나 필요합니다^^

랜선코칭클럽 참가자들의 생생 댓글을 참고하세요!

**카르페디엠 노태성**
A054 질문에 맞는 답변인지는 모르겠지만, 저는 최고의 인정이나 지지를 생각하다보니 저희 아버지를 떠올리게 되었습니다. 표현을 잘하시는 분은 아니지만 언제나 제가 하는 일들에는 항상 지지해주시고 묵묵히 바라봐주시는 모습을 떠올리게 되었습니다. 비록 말로 표현을 많이 하시지는 않지만 지금까지 살아오면서 받아온 영향이지 않은가 싶으네요.
오늘은 아버지께 연락을 해봐야겠습니다. 감사합니다.
11월 13일 오전 11:30 4

**향기_김미정**
**카르페디엠 노태성** 저도 아버지 생각납니다. 아버지의 영향을 받은 카르페디엠님의 모습을 그려봤습니다.
멋짐! 그 자체입니다.~^^

**감사.사랑.축복합니다.안 남섭코치**
A054 안코치답다는 선배코치의 최고의 칭찬이 생각나네요.
존재를 있는 그대로 믿어주는 칭찬이 최고라고 생각합니다.

**김튜터 김주영**
한참 코칭에 입문할때 회사일을하며 쉬는날 늘교육을 들으러 다녔는데 그때 함께 교육받으신 코치님께서 제 열정을 보시고 인정과 더 나아갈수있도록 잠깐의 코칭대화와 함께 지지를 해주셨는데 그때 코칭에 더 큰 매력을 느끼고 스스로에게도 인정과 지지를 할수있게되어 감사하고 행복했습니다. 제가 가고싶은 길이 이 길이 강의와 코칭이 맞나 의구심이 들때쯤이라 더 효과가 컷던것 같아요ㅎ
11월 13일 오전 11:54 3

**향기_김미정**
**김튜터 김주영** 그 마음 알죠..암요..저도 그랬었는데..~^^ 이 길에서 함께 성장해보아요~~~

# Q 055

# 당신에게 있는 틈과 균열은 어떤 의미로 다가왔으며, 좋은 것으로 만들기 위해 할 수 있는 것은 무엇인가요?

A055

A055

A055

# 랜선코칭클럽 #055

**浩然 한민수 코치** 호연지기빛을 당신에게 비춥니다^^

A055 아픔과 상처가 생기고 난 후 세상을 다시 바라보기 시작했습니다. 그리고 세상에 아픔과 상처를 가진 사람들이 정말 많음을 알게 되었습니다. 이로인해 사람들을 쉽게 판단하지 않게 되었습니다. 코칭을 하다보면 표면적 주제보다 이면적 주제, 즉 상처와 아픔이 더 깊이 있음을 알게 되었습니다. 특히 비슷한 아픔과 상처를 가진 분들을 만나면 더욱 속으로 아팠습니다. 그럼에도 불구하고 그 아픔을 아주 조금은 알기에 판단하지 않고 있는 모습 그대로 바라볼 수 있는 마음가짐이 생겼습니다. 이러한 틈이 빛이고 희망이며 소망인 것을 질문을 통해서 깨달음을 주셔서 매우 감사드립니다.

**바람코치 신은희**

A055. 제가 넘 좋아하는 말인데 아침코칭퀘스천으로 만나니 행복하고 뭉클합니다.
깨지고 금간 틈과 균열은 완벽주의를 추구하던 제게 늘 견디기 힘든 흠이었습니다. 그걸 없애려고 몸을 갈아넣어 일한적도 많아요. ㅠ
근데 언젠가 받아본 따뜻한편지에서 '페르시아의 흠' 이라는 표현을 보고선 조금씩 내려놓게 되었습니다. 최고의 양탄자를 만드는 페르시아의 장인들은 일부러 흠을 하나씩 짜넣는다고 하는데요~ 그래야 장인의 작품이라네요.
인디언들도 구슬목걸이를 꿸때 '영혼의 구슬'이라는 깨진구슬을 끼워넣는다고 합니다.
우리는 로봇이 아니라 사람이니까요. 내가 부족한 부분도 끌어안고 가는 그런 삶을 누리면 좋겠어요. (저에게 하는 말이기도^^;;)

랜선코칭클럽 참가자들의 생생 댓글을 참고하세요!

**知止 오정근** 마음부자로 행복하세요^^

A055. 내게 틈과 균열은 30대 초반부터 시작되었습니다.
간肝건강이 치명적 상태였고 평생 조심하며 살았습니다. 당시 함부로 했던
간에게 용서를 구하면서 더 사랑해주기로 약속했습니다. 내 건강을 되돌릴 수 있다면...하는 간절함과 후회는 정말 크디 컸습니다.
작년 검진해보니 아주아주 좋아졌다고 합니다.
아내의 지극정성이 나를 살린 것은 분명한데, 한번 딱딱해진 간이 다시 좋아질 수 없다는 것이 의학 정설인데, 마치 기적처럼 좋아진 것은 무엇 때문일까? 무엇이 가능하게 했을까, 곰곰이 생각하고 내린 결론은 아마도 매일 감사를 생활화해서 그런 건 아닐까 합니다.
감사와 사랑이 생명을 살린다고 믿음을 갖게 합니다. 덕분에 내 안의 신념을 들여다보게 되어 감사합니다.

**숲향—정혜연**

틈과 균열은 성장입니다..저에게있어서 틈과 균열은 저를 돌아보지 못하고 저를 놓치고 살아왔던 시간들입니다. 그렇게 하다보니. 나를 만드신 그분의 모습이 아닌 모습 이그러지고 어그러진 모습이었습니다..그 빛으로 찾아오는 사랑으로 한걸음 나아갑니다.

**긍정해바라기_서희승** 진정성+평정심

A055.나에게 틈과 균열은 자연스럽다라는 의미로 다가옵니다. 완벽한것을 쫓으러 가면갈수로 더 답답함이 늘었네요. 그 답답함에 큰 한숨을 쉴 수 있는 틈이 있어 내가 호흡 할 수있는것 같습니다. 일적인면이나 사람사이의 관계에서도 너무 빡빡해지면 힘들어서 이젠 허당미를 보여줍니다...친근한 인간미를 느끼게 되는것 같아용 ㅎㅎ

# Q
# 056

## 오늘 당신이 관찰한 것은 무엇인가요? 그것의 특징 3가지를 적어주세요.

## A056

## A056

## A056

# 랜선코칭클럽 #056

**김튜터 김주영**
오늘 관찰한 것은 우리 학생들입니다. 한 두명만 와있으면
충분한 소통과 관찰이 가능하지만, 4명이 넘어가면
공부시키는데만 해도 힘들고 여자애들이 자기 얘기를
한마디씩만 더 하면 늘 정신이 없어졌는데 오늘 미션을 하려고
보니
1. 아이들은 늘 관심을 필요로한다.
2. 아이들이 하는 표현이 다가 아니다 (그대로 보면 안된다).
3. 아이들도 충분히 자신만의 생각을 할 수 있는 존재다. 라는
것을 느끼고, 하루에 한 순간이라도 따뜻하게 안아줘야 겠다는
생각을 하네요~^^
11월 17일 오후 3:52 2

**지혜 김성희코치** CEO책쓰기코칭
**김튜터 김주영** 사랑이 많으신 선생님♡^^

**지혜 김성희코치** CEO책쓰기코칭
0056
내가 관찰한 나는
1.할일 안하고 버티기
2. 생각만 하고 실천안하기
3. 이것을 자각하고 있는 나를 관찰하고 있는  게으른나

그리하여 이제라도 알았으니.
우리 랜선코치님들 중 한분이 할 수 있어요라는 응원글
달아주면
바로 행동합니다~
11월 17일 오후 4:16 4

—— 3개의 답글 더보기

**멍석 연영주** 맘껏 드러낼 수 있도록 멍석을 깔아드리는...
언제나 솔직함이 큰 매력이십니다~
성찰도 짱이십니다~

랜선코칭클럽 참가자들의 생생 댓글을 참고하세요!

**浩然 한민수 코치** 호연지기빛을 당신에게 비춥니다^^

A056. 점심먹고 벤치에 앉아 커피한잔하며, 라디오 음악에 심취하고 있으니, 이 노란잎들이 눈에 한가득 들어오네요. 은행나무가 노란 잎으로 아름답고 찬란하게 물들기까지, 아주 작은 씨앗에서 떡잎을 내고 줄기가 자라, 가지를 쭉쭉 뻗어서 하늘을 향해 프레이즈를 외치며, 혹독한 겨울과 뜨거운 여름, 따뜻한 봄햇살, 누구보다 찬란한 가을을 오랜 세월 그 자리에서 견뎠기 때문이네요.

무수히 많은 노란 잎들이 그 세월을 노래하고, 이 아름다운 가을을 더욱 찬란하게 보여주네요.

제 인생이 은행나무와 같네요~

11월 17일 오후 12:27 4

# Q
# 057

# 당신이 받고 싶은 위로는 무엇인가요? 그리고 당신이 전할 수 있는 위로, 격려는 무엇인가요?

**A057**

**A057**

**A057**

## 랜선코칭클럽 #057

**멍석 연영주** 맘껏 드러낼 수 있도록 멍석을 깔아드리는 코치입...
A057.
1) 받고싶은 위로: "오~~~ 좋은 생각인데!"
나의 생각에 대한 인정자체가 가장 받고싶은 위로입니다.

2) 내가 전할 수 있는 격려: "잘 하고 있어! 아빠가 항상 응원해줄께" 학업에 정진하고 있는 중3 딸아이에게 격려해주고 싶네요.

11월 18일 오후 1:55 😍 1

— 3개의 답글 더보기

**멍석 연영주** 맘껏 드러낼 수 있도록 멍석을 깔아드리는...
**지혜 김성희코치**
감사합니다~^^

11월 18일 오후 6:03

**아하_한혜정코치**
멍석 연영주 딸을 응원하는 아빠 모습이 좋은데요^-^

**향기_김미정**
A057.
내가 받고 싶은 위로는~
" 힘들지? 좀 쉬어(토닥토닥...)"
"너의 진정성은 언제든 인정받을꺼야.."

내가 전할 수 있는 위로(격려)는~
"당신이 진짜 즐기면서 하고 싶은 걸 하세요..그리고 그걸 이루었을때 엄청 행복한 내모습을 그려보세요.."

11월 18일 오후 2:03 😍 1

**浩然 한민수 코치** 호연지기빛을 당신에게 비춥니다^^
향기_김미정 토닥토닥~ 향기님의 진정성은 우주 최고입니다^^

랜선코칭클럽 참가자들의 생생 댓글을 참고하세요!

**나조아 이문희**
🌰 받고싶은 위로 : 내 마음으로 그렇게 살아주어 고맙다..
그런데 아프지는 마라, 네가 아프면 저 사람들은 다 어쩌니..
🎁 주고싶은 위로 : 이건 당신의 진짜 모습이 아니예요
보세요.. 지금 막 날개가 돋아나려 하네요.. 당신은 애벌레가
아니라 나비랍니다!
11월 18일 오후 12:35 2

**浩然 한민수 코치** 호연지기빛을 당신에게 비춥니다^^
**나조아 이문희** 아프지 마세요 ㅠㅠ 잘 충전하세요. "잘
살아주어 고마워요^^"

저는 번데기인데, 호랑나비였군요^^*
감사해요 ^0^

**옹달샘(Spring)_이흥원** that gives you a new hope in y...
A057 역시 흥원이야! 앞으로 복 된일이 가득할거야♡

새로운 직장으로 직원을 떠나 보내며~
어려운 상황속에서도 항상 긍정적이고 성실히 준비하며
앞길을 개척해가는 모습이 정말 멋져요. 앞날에 좋은일 행복한
일 가득하기를~~
11월 18일 오후 1:54 1

**浩然 한민수 코치** 호연지기빛을 당신에게 비춥니다^^
**옹달샘(Spring)_이흥원** 역시~ 역시👍 멋진분이세요~
11월 18일 오후 5:18

**지혜 김성희코치** CEO책쓰기코칭
**옹달샘(Spring)_이흥원** 마음좋은 옹달샘님♡
11월 18일 오후 5:55

# Q
# 058

## 지금부터 하루에 3시간씩 10년 동안 실천할 수 있는 것은 무엇인가요? 그것을 통해서 이루고 싶은 것은 무엇인가요?

**A058**

**A058**

**A058**

# 랜선코칭클럽 #058

**힐러 조미선**
A058.
1) 독서와 글쓰기
2) 출간

오랫동안 생각하고 썼다 지우기를 반복했네요.어떻게 살아야하는지 성찰하게 되는 질문 감사합니다~
11월 19일 오전 10:33 2

**멍석 연영주** 맘껏 드러낼 수 있도록 멍석을 깔아드리는...
**힐러 조미선**
조미선작가님의 모습을 응원합니다^^
적극 홍보도 해드릴게요 ㅎㅎ
11월 19일 오전 10:34

**浩然 한민수 코치** 호연지기빛을 당신에게 비춥니다^^
**힐러 조미선** 오랫동안 생각하며 성찰하심이 복입니다^^
다음주 코칭퀘스천 질문 하나 올려보실래요??^^

**힘찬 안순봉**
저는 운동과 글쓰기로 정했습니다. ^^  아자아자 언젠가 하겠지 , 푸르른 이 청춘 ㅋㅋ 아직도 40대 내년에는 50대 화이팅
11월 19일 오전 11:51 2

**멍석 연영주** 맘껏 드러낼 수 있도록 멍석을 깔아드리는...
**힘찬 안순봉**
운동과 글쓰기! 왠지 균형과 조화가 좋은 느낌이드네요 ㅎㅎ 화이팅입니다^^
11월 19일 오전 11:57

**힘찬 안순봉**
넵 고맙습니다

랜선코칭클럽 참가자들의 생생 댓글을 참고하세요!

**향기_김미정**
Q058. 독서, 명상, 요약정리하기..
독서를 통해 지식이 풍부해지고, 명상을 통해 지식을 온몸으로 느끼고 깨달으며, 요약정리를 통해 차후에도 기억되고 활용할 수 있도록 한다면....지금보다 더 풍요로운 내가 될 것 같아요^^
멋진 질문 감사합니다..
11월 19일 오전 6:40 4

**멍석 연영주** 맘껏 드러낼 수 있도록 멍석을 깔아드리는...
**향기_김미정**
10년후의 모습이 기대됩니다~
오늘하루도 화이팅입니다^^

**터프여걸 장윤정** 하반기 첫날~ 행복을 느끼며
저를 위한 공부를 하고 싶습니다.
오전 시간에 공부를 하겠습니다.
저 스스로의 개선을 이루고 싶습니다.
11월 19일 오전 8:48 2

**멍석 연영주** 맘껏 드러낼 수 있도록 멍석을 깔아드리는...
**터프여걸 장윤정**
10년동안 꾸준히 공부를 하시면 어떤 모습이실지 기대되네요~
화이팅입니다^^

**김튜터 김주영**
코칭과 뇌과학을 공부하고 싶습니다ㅎ 해야지 해야지 한게 일년이 넘어가고있어 문제가 시급합니다ㅎ 10년후엔 더 많은 학생들에게 선한 영향력을 펼치고 있을것같습니다!
11월 19일 오전 9:22 3

# Q
# 059

## 살아가다 보면 신뢰를 얻기도 하고 잃기도 합니다. 또한 어떤 분을 보면 매우 신뢰롭기도 하고 때때론 실망하기도 합니다. 당신은 무엇을 보고 상대방을 신뢰하나요?

A059

A059

A059

# 랜선코칭클럽 #059

**카르페디엠 노태성**
A059 일하는 부분에서의 신뢰는 깔끔한 마무리를 하는지에 대해 보고 신뢰도를 판단하게 되는 것 같습니다 약속과도 동일한 것 같습니다 말만 번지르르하고 결과물이 엉망인분들을 많이 보게 되어 만나서 말이 많은 분들은 경계를 하게 되더라고요....
하지만 일이 아닌 부분에서는 제가 말 수가 없어서 말이 많은 분들이 분위기를 주도하기에 의지하는 부분도 있는 것 같습니다~~
상황에 따라 조금씩 다르네요;;;;;;;
11월 20일 오전 8:23 3

**향기_김미정**
**카르페디엠 노태성** 말보다 맡은 일을 깔끔하게 마무리하는것에 큰 공감이 갑니다. 카르페디엠님도 일할 때 깔끔함을 추구하실 것 같아요.. 그런 분과 일하고 싶네요^^

**긍정해바라기_서희승** 진정성+평정심
A.059.저는 말과 행동의 일치성을 보고 믿음도 생기고 신뢰를 합니다^^ 그래서 정직을 제가 가장 좋아하는 가치이기도 합니다^^

**김튜터 김주영**
정직함! 관계속에서 인위적인느낌이나 뭔가를 속인다는 느낌이 들면 신뢰가 깨어지는것 같아요~ 비슷한 맥락에서 가볍게 흘린 말이라도 잘 기억하고 지키는 모습을 보여주면 무한 신뢰하기도 하는것 같아요,^^
11월 20일 오전 10:06 1

랜선코칭클럽 참가자들의 생생 댓글을 참고하세요!

**힐러 조미선**
A059.
존재를 대할 땐 대화 안에서 생각의 방향과 깊이를 보고 그 안에 자기확신이 느껴지면 신뢰합니다.
역할로 대할 땐 데이터가 쌓인 사람들을 신뢰하지요. 일을 시킬 때도 그동안 실수없이 유연하게 일을 추진했던 사람에게 맡기는 것처럼요.
신뢰받는 사람이 되고 싶네요.
11월 20일 오전 6:58 3

**향기_김미정**
**힐러 조미선** 대화와 역할로 신뢰를 구분하니 명료해집니다. 이미 힐러님은 신뢰 그 차체입니다.^^

**멍석 연영주** 맘껏 드러낼 수 있도록 멍석을 깔아드리는 코치입...
A059. 저는 일단 말 많은 사람은 첫 느낌에서 신뢰가 안가더라구요~ 말로써 무언가를 꾸미려고 하는 느낌!

제가 신뢰하는 기준은 말수는 적은데 행동으로 보여주는 사람을 신뢰합니다.
묵묵히 누가 보던 안보던 그냥 열심히 군생활 하는병사들을 무한신뢰하죠! 늦게 드러나더라도 결국 드러나더라구요~

**상선약수 김혜영**
A059
신뢰 가는 사람은 언행일치!
말을 했으면 지키는 사람에게 신뢰가 갑니다.
저도 그런 사람이 되도록 노력 하겠습니다!
얼굴엔 미소를 손은 부지런함으로 섬기는 자가 되길 바래봅니다^^

# Q
# 060

아주 잠깐, 5분만 잠시 멈추어 보세요.
먼저, 스마트폰을 손에서 내려놓으세요.
그리고 눈을 고요히 감으세요. 마지막으로
천천히 심호흡하세요. 나의 호흡이 코
끝에 이르고 가슴 깊이 들어와 모든
장기에 깊숙이 스며들 수 있게 부풀어진
배 풍선을 천천히 날숨 하며

(1) 무엇이 보이는지
(2) 무엇이 들리는지
(3) 무엇이 느껴지는지

5분 후, 말씀해 주세요.

A060

A060

A060

# 랜선코칭클럽 #060

**소원 권세연**
1.보이는것:엄청 많은 풍선이 하늘로 둥실둥실 떠올라가네요

2.들리는것:날아가는 풍선들을 보며 즐거워하는 아이들의 웃음소리

3.느끼는것:활기차고 재밌어요

11월 23일 오후 2:57 3

**浩然 한민수 코치** 호연지기빛을 당신에게 비춥니다^^
**소원 권세연** 둥실둥실~ 미소가 절로 지어집니다^^

**카르페디엠 노태성**
A060
잠깐 쉬는 시간 산책을 나와서 시도해봅니다
1. 보이는 것 : 깜깜합니다
2. 들리는 것 : 바람소리가 들립니다
3. 느끼는 것 : 평온한 마음이 느껴지는데 마음 속은 복잡하네요^^;;;;;

**나너우리 박희보**
A060 고요함 속에 젖어 있는 자신이 보입니다.
자신의 들고 나는 숨결이 들립니다.
자신의 호흡과 함께 움직이는 자신이 느껴집니다.
11월 23일 오후 4:59 2

**浩然 한민수 코치** 호연지기빛을 당신에게 비춥니다^^
**나너우리 박희보** 자신을 볼 수 있는 자연스러움~ 게다가 숨결을, 내가 살아있음을~ 그리고 생동하는 자아를~! 부라보~!

랜선코칭클럽 참가자들의 생생 댓글을 참고하세요!

**浩然 한민수 코치** 호연지기빛을 당신에게 비춥니다^^
A060. (4분 31초, 단전에 손을 올리고 가만히 있었어요.
중간에 전화가 와서 눈을 떴네요)

눈을 감으며 편안하게 호흡하니 편안한 잔디밭이 보입니다.
돗자리를 깔고 자리를 잡고 가족과 함께 자연스레 햇살을
받으며 누워있습니다.
잔디밭 위에서 뛰어노는 아이들의 목소리가 들립니다.
조금 있으니, 가족들이 하나둘 모여 다섯 가족들이 모였습니다.
다함께 대화하며 함께 프로그램을 즐기며 음식을 나누고
있네요.
참으로 평온하고 따스하고 편안하네요.

**긍정해바라기_서희승** 진정성+평정심
A060.1)밝은 빛줄기가
보이네요...2)감사합니다...고맙습니다..3)가벼움 편안함이
느껴집니다 ^^
매일매일 지속해보겠습니다..감사합니다 ^^
11월 23일 오후 12:55 4

**浩然 한민수 코치** 호연지기빛을 당신에게 비춥니다^^
**긍정해바라기_서희승** 와우^^ 매일 나에게 주어지는
고요한 5분, 감사•편안함•행복 가득한 빛줄기
누리세요~^^

**김튜터 김주영**
(1) 보이는 것 : 평소에 하는 수많은 생각들이 이미지화 되어
지나갑니다.
(2) 들리는 것 : 히터 바람소리가 들립니다.
(3) 느껴지는 것 : '평소에 너무 많은 생각들을 안고 생활하고
있구나'라는게 확 느껴지네요

# 기쁨은 내면에서 샘솟는다

Q061–Q070

# Q
# 061

## 오늘이 생의 마지막 날이라면 당신의 가족들에게 뭐라고 유언하고 싶은가요? 그리고 당신의 묘비에 기록하고 싶은 문구는 무엇인가요?

A061

A061

A061

# 랜선코칭클럽 #061

**카르페디엠 노태성**
A061 가족에게 : 사랑합니다 함께해서 고마웠어요~~~~
묘비명 : 어제도 즐겁게 살다 기쁨으로~~
11월 24일 오후 7:55 3

**浩然 한민수 코치** 호연지기빛을 당신에게 비춥니다^^
**카르페디엠 노태성** 사랑 함께 고마움 기쁨^^

**터프여걸 장윤정** 하반기 첫날~ 행복을 느끼며
지금까지 엄청 열심히 살았다...
장윤정 재밌게 지내다 이제 간다...
할거 같습니다.

승호야~ 엄마 납골당 답답하니 나무나, 땅에, 산에 뿌려줘~~
할거 같습니다.^^

**숲향—정혜연**
A061
유언: 하나님의 사랑안에 거하다며 믿음의 역사를 계속
이어주길 바래
묘비명: 여기 하나님의 사람 잠들다

**긍정해바라기_서희승** 진정성+평정심
A061.사랑하고 사랑했다...너희들이 함께있어 난 참 행복한
사람이였어.. 즐겁게 잘 여행하고 돌아간다..~~하고싶은거
하면서 즐겁게 살아라^^묘비명에는 항상 기뻐하라 항상
감사하라..라고 적고싶습니다.

랜선코칭클럽 참가자들의 생생 댓글을 참고하세요!

**향기_김미정**
A061.
가족에게 : 사랑해! 가족덕분에 행복했어...고마워~~
묘비 : 하고 싶은거 하고 살았던 김.미.정! 미소와 마음의 따뜻함을 품고 잠들다.,

**옹달샘(Spring)_이홍원** that gives you a new hope in y...
사랑해요 부인. 아들. 딸~ 함께한 모든 순간이 행복이었소♡
아들 딸은 범사에 감사하며 서로 돕고 의지하며 믿음안에서 바르게 살아라. 사랑하는 부인~ 먼저가오. 천국에서 다시 봐요

복된 삶을 살다 품으로 돌아가다
11월 24일 오전 6:39 5

**힐러 조미선**
옹달샘(Spring)_이홍원 옹달샘 이홍원님의 가족에 대한 사랑이 절절히 느껴집니다. 함께한 모든 순간이 행복이었다는 말씀이 크게 와닿네요. 복된 삶을 사셨습니다.
그 동안의 삶과 새로운 내일부터의 삶에 격려와 응원의 박수를 쳐드립니다.👏👏👏
11월 24일 오전 7:31

**감사.사랑.축복합니다.안 남섭코치**
A061 감사와 기쁨을 주고받는 사랑에너지 넘치는 삶을 확산하기 위해 살다간 감사하우스 안남섭코치 여기 잠들다.
11월 24일 오후 9:27 2

# Q
# 062

## 만약, 타지에서 한 달을 살 수 있다면 어디서 머물고 싶은가요? 그곳에서의 한 달 살기 버킷리스트를 적어보세요.

A062

A062

A062

# 랜선코칭클럽 #062

**바람코치 신은희**
원래는 제주도 한달살기로 정했었는데...뜻하지 않게?
랜선세계여행이 되면서 ㅋ 다른곳이 생각났어요♥
전 발리 우붓에서 한달 살고 싶어요.

1. 독채빌라에서 한달살며
2. 플로팅 모닝식사도 해보고프고
3. 매일 수영하고
4. 매일 명상하고
5. 매일 바다보고
6. 매일 멍때리고
7. 시간가는줄 모르고 책읽고
8. 졸릴 때 자고
9. 자전거 타고 여기저기 탐험하고파요.

전제는....나혼자가기! ㅋ
느낌은 영화 #먹고기도하고사랑하라♥

11월 25일 오후 7:45 1

**힘찬 안순봉**
저는 스위스 인터라켄에 가고 싶습니다.
돈이 된다면 ㅋㅋ 요트에서 살면서 한달동안 하이킹도 하고, 겨울이면 스키도 배워보고 싶구요. 동네 친구들도 만들고 싶구요. 오두막에서 식사도 해보고 싶습니다. 예전에 하루 반 정도 있어 보았는데.... 더 있고 싶더라구요.

11월 25일 오후 5:52 3

랜선코칭클럽 참가자들의 생생 댓글을 참고하세요!

**힐러 조미선**

A062. 작년에 이 질문을 받았으면 제주라고 썼을 거에요. 올해 좋아하는 제주로 이주하여 휴직하고 버킷리스트를 하나씩 이루고 있는데 일 년을 마무리하는 이 시점에선 그다지 가보고 싶은 곳이 없어졌어요. 마트에 나가도 한라산이 보이고 차로 10분이면 바다를 볼 수 있는 곳에 살아보니 아직도 꿈같고 감사하지만 여행지로서 느꼈던 감흥은 줄어들더라구요. 어디에 있던 가장 중요한 건 내 마음이 편해야 한다는 생각이 요즘 많이 들어 진지모드로 들어가버렸네요. 아직도 못가본 곳이 많아 제주 구석구석을 돌아보고 싶어요^^;;;;

11월 25일 오후 8:37 2

**JD 김현경**

뉴요커로 한달 살고 싶습니다.
아침에 스벅에서 아메리카노 벤티 사이즈를 들고 활기찬 걸음으로 출근해서 열심히 일하다가 점심시간에 친구와 같이 센트럴파크에서 큰 핏자와 콜라 먹으며 수다를 잠깐 떨고 ~ 퇴근후에는 재즈바에서 재즈음악을 즐기거나 집에서 커다란 아이스크림통을 껴안고 티비보며 내일을 준비하는~~~^^
주말에는 느즈막히 일어나 브런치를 즐기고 미술관에서 그림을 보는~~ 활동도 하고 싶습니다.
그렇게 딱한달 살면~~~ 지금 생활이 매우매우 여유롭고 순간을 누릴수 있을것 같습니다 ㅎㅎㅎ

11월 25일 오후 4:52 4

# Q
# 063

## 지금까지 살아오면서
## 나다울 때는 언제였나요?
## 나다울 때를 회상해본다면
## 어떤 기억이 떠오르나요?

A063

A063

A063

## 랜선코칭클럽 #063

**힐러 조미선**
A063. 나다울 때는 목표를 정하고 성취했을 때, 어려움이 직면해도 긍정적 사고로 목표의 방향을 바꾸는 융통성을 찾아볼 때, 처음 보는 사람에게도 편안한 느낌을 주어 소통할 때, 열정으로 뭔가를 새롭게 배울 때, 가슴에 묻어두었던 희노애락의 감정이 다양하게 표현될 때(음주후) 나를 봅니다.
11월 26일 오후 3:02 4

**김튜터 김주영**
전 '나답다'를 정의하지 못하겠습니다ㅠ상황과 환경 그리고 컨디션에 따라 이런 저런 모습과 성격들이 존재해서 무엇이 진짜 저라고 콕 집어 말하기가...그나마 중심적인 나다움은 자립심?인것 같긴하네용ㅎ
11월 26일 오후 4:29 4

**知止 오정근** 마음부자로 행복하세요^^
김튜터 김주영 맞습니다. 제게도 어려운 질문이었습니다. 무언가 홀로 해내려는 마음에서도 나다움을 느끼게 됨을 알게되네요. 감사합니다 ^^

**카르페디엠 노태성**
A063 가장 나다움이 무엇인지.... 많은 고민이 됩니다 수많은 상황마다의 나의모습 중에 가장 나다운 모습이 무엇인지.... 모르겠다가 답인거 같습니다 나에대해 생각해보지 못하고 하루하루 주어진 역할에 몰두하며 살다보니.... 오늘은 그중에서의 진정한 나는 누구인가에 대해 기도하며 답을 찾아봐야겠습니다~~~
그래도 몸에 맞는 역할 하나를 뽑으라면 후배들의 고민을 들어주고 특별한 삶은 아니지만 제가 살아온 삶에 대해 이야기하고 함께 할때 가장 잘 맞는 옷을 입은 것 같습니다

랜선코칭클럽 참가자들의 생생 댓글을 참고하세요!

**상선약수 김혜영**
A063
내가 나다울 때는 몰입할 때입니다...근데 몰입을 잘 하는 편이라서 기도할 때 예배 드릴 때 음식할 때 책을 볼 때 사람 만나 얘기 나눌 때 순간순간 깨어서 살아가려 합니다! 고요히 내안에 머물 때가 가장 나다움을 마주합니다...^^
수척작주 입처개진!

**감사.사랑.축복합니다.안 남섭코치**
A063 나다움을 느꼈던 시절은 동네 차수련원 화심정에서 차마시며 일기일회의 마음으로 다우들과 자연스레 좋은 에너지를 교환하며
오감이 살아 소통하는 행복감을 느낄때입니다.

**知止 오정근** 마음부자로 행복하세요^^
나다울 때는 내가 생각하는 평소의 나보다 내가 더 크게 느껴질 때인 것 같습니다. 예컨대, 누군가의 실수를 너그럽게 포용하거나 선뜻 양보할 때, 유혹이나 작은 이익에 넘어가지 않고 나를 지켜낼 때, 시련을 마다하고 성장의 기회로 받아들이고 도전할 때 등입니다.
나다울 때의 기억은 내가 다짐했던 것을 지켜나가는 것인데 - 술담배 안하기, 감사일기를 꾸준히 쓰기, 운전석에서 내리기 전에 반드시 한 번은 꼭 양보하기를 지켜나가는 모습입니다.
11월 26일 오전 9:55 3

**浩然 한민수 코치** 호연지기빛을 당신에게 비춥니다^^
**知止 오정근** 와~ 코치님의 성장 철학이 여기에 있으셨군요. 후배들에게 몸소 보여주시는 따뜻한 리더십, 존경하게 되었습니다♡
11월 26일 오후 6:54

Q
064

# 타임머신을 타고 간다면 어디로 가고 싶은가요? 그곳에서 무엇을 하고 싶나요?

A064

A064

A064

# 랜선코칭클럽 #064

**김튜터 김주영**
미래도 가고싶지만 그러면 좋은 미래던 좋지 않은 미래던 뭔가 재미없어질것 같고, 과거가 재미있겠네요! 전 호주에 있을 때로 돌아가서......... 가능한 거기서 살 궁리를 할 것 같습니다

**Annie_유지은**
A.064 아 타임머신! 생각만 해도 설레네요^^ 타임머신 타고 가고 싶은 순간은 너무 많아요. 특히 투명인간까지 합쳐진다면 더 많아지네요~ㅎㅎ

어렵게 두 곳을 꼽아봤어요.
가장 먼저는 저희 할머니의 10대~20대 시절로 가서 말동무도 해주고 아이 키우는 것도 도와주고 싶어요.
딸이 없으신 할머니께서는 첫 손녀인 저한테 이런저런 이야기를 많이 하셨어요. 남편, 아들, 며느리들 다 놔두고 왜 나한테 이야기하시나 그때는 이해 못했는데, 어린 나이에 참 많은 일을 겪은 세대... 철들고 나니 어린 나이에 할머니가 얼마나 힘들고 외롭고 무서웠을까 그런 마음이 드네요.
위로하고 표현해 주고 싶은 순간이 참 많네요.

그 다음에는 공룡이 멸종하던 시기로 휙~ 날아가서 왜 공룡만 멸종했을까! 그 궁금증을 풀어보고 싶어요~ 아이 덕분에 엄마도 우리집대학 공룡박사가 되어가는 요즘인데 이런저런 질문들이 많이 생기네요. 제가 이런 질문을 던지면 아이는 자신만의 이론을 만들어내고 남편은 "본격적으로 조사해봐 그렇게 전문가가 되는거야" 한마디 덧붙여요ㅎㅎ 온 가족의 궁금증을 풀러 꼭 타임머신 타고 가보고 싶네요^^

**아하_한혜정코치**
A064. 미래로 가보고 싶네요^-^ 미래학을 공부하고 있어서 2041년  어떤 일들이 일어나고 있는지  보고싶네요^-^

랜선코칭클럽 참가자들의 생생 댓글을 참고하세요!

**옹달샘(Spring)_이홍원** that gives you a new hope in y...
A064 어린 시절 고향으로 돌아가고 싶 네요.. 부모님과
할머니,가족. 친구들과 재미있고 즐거운 추억을 많이 만들고
싶습니다.
시간이 지나고 보니 지금 이 순간이 가장 소중한 시간이고
곁에 있는 사람이 가장 소중한 사람이라는 것을 느끼게
됩니다.

**리나 이민지코치**
A064
10년 뒤로 가보고싶어요. 10년 후 모습을 본다면 오늘은 좀 더
알차게 살아갈수 있지않을까 싶네요. 신랑과 그에 대비해
준비도 하고싶구요. 그 때 아이들이 어떻게 커가고 있는지도
궁금하네요^^
11월 27일 오후 12:16 4

**숲향—정혜연**
**리나 이민지코치** 아이들의 성장모습 기대가되어지네요
코치님의 환하게 웃으시는 모습도^^

**힘찬 안순봉**
코치님의 질문을 받고 순간 고민이 되었어요. 미래로 가볼까,
과거로 갈까, 나 아닌 다른사람의 공간과 시간을 엿볼까
꼭 한 번만 가봐야 합니까. 코치님. ㅋㅋ
미래를 보고 왔는데 희망적이지 않으면 현실이 힘들 것 같구요.
꼭 한 번만 가 봐야 한다면 과거의 대학생활로 가고 싶습니다.
대학교 1,2학년때에 저에게 왔던 기회들에 다시 대면해 보고
싶습니다. 유학의 기회, 다른 선택을 해 볼 수 있는
기회들이요. 같은 결정을 할지, 아니면 다른 결정을 할지 저도
궁금해 지내요. 그 순간의 기회와 선택들. 다시 깊게 생각해
보고 싶습니다.

# Q
# 065

## 지금까지 경험한
## 최고의 경험 한 가지를 마음껏
## 자랑, 표현해 주세요.

A065

A065

A065

# 랜선코칭클럽 #065

**힘찬 안순봉**
저는 괌으로의 첫 해외 가족여행의 기억을 뽑고 싶습니다. 바다와 여유 !! 아이들의 행복한 웃음. 코로나로 움직이지 못하는 지금 더욱 아쉽고 소중한 시간인 것 같습니다
11월 30일 오후 9:41 3

**浩然 한민수 코치** 호연지기빛을 당신에게 비춥니다^^
힘찬 안순봉 행복한 해외 가족여행~ 웃음소리가 들려옵니다~~~ ㅎㅎㅎ

**知止 오정근** 마음부자로 행복하세요^^
최고의 경험은 철학을 공부하면서 진리를 알아가고 깨달음을 얻은 것이 아닐까 합니다. 애벌레가 나비로 탈바꿈하듯이 깨달음은 저를 변화시킨 큰 선물이었습니다. 진리가 나를 자유케하리라는 말뜻도 이해가 되고요. ㅎ 독서량이 어마어마하고 지적인 분인데 사람에 대한 배신감으로 인해 삶의 줄을 놓으려고 생각까지 했다가 어느 날 "세상에 진리가 있냐?"고 제게 묻기에, 제가 공부했던 것을 말해주었더니 제 후배가 되어 대학원 박사과정에 진학한 걸 보면 제가 한 공부가 큰 공부였다는 걸 실감합니다. 그리고 철학과 코칭을 연결한 과목을 3개 대학원에서 강의를 해오고 있는데 학습자들로부터 반응이 좋아 보람도 느낍니다.
11월 30일 오후 9:47 4

**浩然 한민수 코치** 호연지기빛을 당신에게 비춥니다^^
知止 오정근 역시!! 교수님은~ 찐~ 이십니다^^

"진리가 너희를 자유케 하리라"
저도 몰랐는데요. 정말 진리로 인해 얽매였던 삶에서 자유하는 삶으로 변화되었습니다^^

어메이징~
11월 30일 오후 9:54

랜선코칭클럽 참가자들의 생생 댓글을 참고하세요!

**나조아 이문희**
A065 남편에게 3번의 프로포즈 받은 것과 고민하다가..
이걸로 선택합니다!! "오늘이 내 인생의 가장 젊은 날이다"를 새기려고 뛰어 내렸는데요.. 지금 하라면 무서워서 못 할 것 같아요 ㅎㅎㅎ

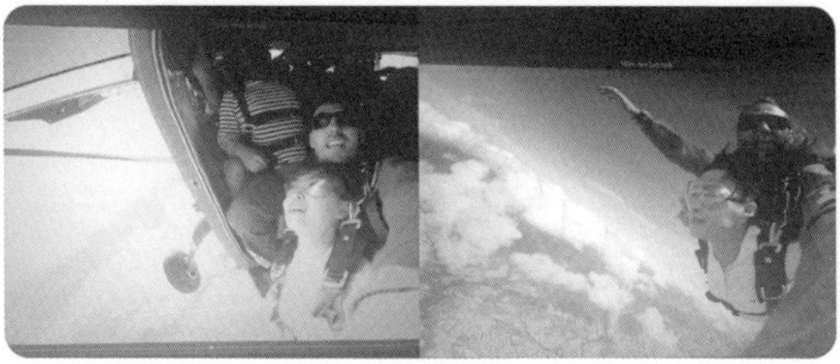

11월 30일 오후 3:55 5

**소원 권세연**
A065
지금까지 경험한 최고의 경험은
자전거로 신랑과 오이도에서 출발해서 해남에 도착했을때
바닷가에 놀이터가 있었어요

그네를 타고 있는데 물이 차서
바닷물위에서 그네 타던 기억이나네요
♡
11월 30일 오후 4:19 4

**浩然 한민수 코치** 호연지기빛을 당신에게 비춥니다^^
**소원 권세연** 오~ 오이도에서 해남까지!! '바닷물 위 그네' 한폭의 그림 같네요~*
11월 30일 오후 5:25

# Q
# 066

# 실패와 실망으로부터 새롭게 배운 한 가지는 무엇인가요?

A066

A066

A066

# 랜선코칭클럽 #066

**김튜터 김주영**

실패와 실망이 찾아오면 정말 아무것도 하기 싫어질 때가 종종 있는데요, 그냥 풀어져서 무엇인가를 탓하고 있기보다, 이(런일이 일어난 것) 또한 이유가 있을 것이다. 진짜 뭐가 잘 안풀리고 실패했단 생각이 들 때 이렇게 받아들이고 생각하면 조금 더 견딜 힘이 생긴다는걸 알아가고 있습니다 ㅎ

12월 1일 오후 3:31 3

**浩然 한민수 코치** 호연지기빛을 당신에게 비춥니다^^

김튜터 김주영 (토닥토닥)^^ 자신을 토닥이며 힘을 충전하고 있군요^^

**리나 이민지코치**

올해 겪었던 무수한 실패와 실망으로부터의 배움을 생각해보니 아인슈타인이 했던 말이 떠오르네요.
"매번 똑같은 행동을 반복하면서 다른 결과를 기대하는 것은 미친짓이다"

내년은 담대한 도전들에 나를 좀 더 내놓아야 겠습니다~

**Annie_유지은**

A066. 제가 실패와 실망으로부터 새롭게 배운 것 중 한 가지는 '사람'입니다. 보다 구체적으로는, 하나님은 우리의 '영혼'을 사랑하시고 긍휼히 여기시지만, 사람은 '겉모습과 감정'으로 사랑하고 긍휼히 여기는데 그것을 깨닫지 못하고 착각 속에 살아가는 경우가 많다는 것을 새롭게 보게 되었습니다.
저를 포함한 사람이라는 존재는 누군가를 진정으로 사랑할 수 있는 능력도, 사랑받을 자격도 없으나 그 능력과 자격을 하나님께서 주심에 더욱 감사하게 되었습니다. 그래서 제 마음이 겸손하게 되고 하나님처럼 영혼을 사랑하고 긍휼히 여길 것을 간구하게 됩니다.

랜선코칭클럽 참가자들의 생생 댓글을 참고하세요!

**浩然 한민수 코치** 호연지기빛을 당신에게 비춥니다^^
A066.
절망에서 배우게 된 것은 수렁에서 조차도 손 내밀어주시는 분이 계시다는 빛되심을 배우며

실망에서는 사람에게 실망을 많이 하는데, 저 자신 조차도 실망을 많이 주는 사람임을 알게되어, "괜찮아", "그럴 수도 있어" 라며 넉넉히 포용하는 사람이 되어야 함을 배우게 됩니다.

실패에서는 도전하지 않았으면 실패도 없고 그저 안주할 뿐인데, 도전할 수 있는 환경을 마주할 수 있음에 감사를 배우게 됩니다.

희망에서는 '다시 할 수 있어'를 배우게 되며

소망에서는 사해바다가 소금창고가 되어 다시 소생하듯이 "생명력"을 다시 배우며 깨닫게 됩니다.

**아하_한혜정코치**
A066. 코로나로 인한 실망은 또 다른 기회가 되는것을 배우게 되었습니다. 실패는 또다른 배움의 기회이고 생각을 확장하는 순간이라고 봅니다.실망도 기대감을 생각해보면 개선점을 보게되는 배움의 시간이 되네요^-^
12월 1일 오후 4:03 2

**浩然 한민수 코치** 호연지기빛을 당신에게 비춥니다^^
**아하_한혜정코치** 실망과 실패는 또 다른 기회가 되고, 생각을 확장하는 배움의 시간이네요. 감사합니다.
12월 1일 오후 9:04

# Q
# 067

## 당신은 어떤 유업을 어떻게 이어가고 싶은가요? 다시 말하면 후세대에 남겨줄 유산은 무엇인가요?

(1) 물질적 유산
(2) 심리적 유산
(3) 그 외에 남기고 싶은 유업

**A067**

**A067**

**A067**

# 랜선코칭클럽 #067

**아하_한혜정코치**
A067. 유업
1. 따뜻한 햇빛이 들면서 화단과 텃밥이 있는 기분 좋은 집이요. 편안하게 늘 쉬고 싶은 집이여서 누구나 들려서 소통하는 곳.
2. 뭐니뭐니해도 믿음이 흘러 가서 아름다운 계보가 되기를.
3. 사람인것 같아요. 세계의 문을 함께 두드리면서 삶과 믿음을 같이하는 발무리
12월 2일 오후 8:25 4

**멍석 연영주** 맘껏 드러낼 수 있도록 멍석을 깔아드리는...
**아하_한혜정코치**
화단과 텃밭이 있는 집~ 상상만해도 넘 근하한데요^^
따뜻함이 느껴지는 유업이네요~

**카르페디엠 노태성**
A067
1. 물리적 : 성경필사본
2. 심리적 : 믿음이 굳건한 가정
3. 그외 : 계획한 바대로 실행이 된다면 학교와 이념(윤리와 품성)

이 될듯합니다~~~^^
감사합니다~~
12월 2일 오후 7:40 4

**멍석 연영주** 맘껏 드러낼 수 있도록 멍석을 깔아드리는...
**카르페디엠 노태성**
성경필사본 정말 흔치않은 귀한 유산이될거 같네요~^^
지금부터 스슬 준비하셔야될거 같은데요~
12월 2일 오후 7:58

랜선코칭클럽 참가자들의 생생 댓글을 참고하세요!

**知止 오정근** 마음부자로 행복하세요^^
A067
1. 물질적 유산: 부모가 먼저 쓰고 남는 적당한 재산이어야지 유산 남기는 것 자체가 목적이 아니면 좋겠습니다.
2. 심리적 유산 : 태어나게 하고,살리고, 살아가게하는 힘이 사랑임을 간직하길 바랍니다.
3. 정신적 유산 : 헤쳐나가거나 판단이 어려울 때 "아빠라면 어떻게 할까?"를 떠올리고 지혜로운 답을 찾으면 좋겠습니다.
3. 그외 : 존재와 영성을 밝게 가꾸는 깨달음을 나눠주고 싶습니다.
좋은 질문 감사합니다 ~~
12월 2일 오후 10:23 2

1개의 답글 더보기

**나조아 이문희**
知止 오정근 코치님의 답글은 언제나 저를 돌아보게 합니다. 늘 감사한 마음으로 잘 보고 있습니다!^^

**터프여걸 장윤정** 하반기 첫날~ 행복을 느끼며
1) 물리적 유산- 아파트. 차. 돈
2) 심리적 유산- 자신감/ 끈기
힘들어도, 다른 이들에게 안좋은 소리를 들어도 항상 내편은 '엄마' 라는 걸 알려주고 싶습니다.
3) 키와 주먹만한 얼굴 을 남겨주고 싶습니다 ♡♡

**감사.사랑.축복합니다.안 남섭코치**
#A0671.물리적 유산은 책 몇권과 감사하우스 방명록
2.심리적유산은 신앙과 감기주사 처방전 그리고 긍정마인드와 지속하는 힘
3.함께한 아름다운 추억 등이네요.

# Q
# 068

## 만약, 책, 자서전 등을 쓴다면 어떤 내용(혹은 제목)을 담고 싶고, 이 책의 독자는 누구인가요?

A068

A068

A068

# 랜선코칭클럽 #068

**상선약수 김혜영**
A068
오늘 질문을 받으며 무슨 주제로 책을 쓸지 고민이
됩니다..조화롭고 풍요로운 삶에 대해 쓰고 싶습니다.

요즘 새벽마다 백일 글쓰기
중인데 완성되면 블러그 글
중에서 골라서 책으로 엮어
보고 싶습니다.

**감사.사랑.축복합니다.안 남섭코치**
A068
가칭 제목은 감사하우스의 기적
주요 내용은 감기주사 라이프스타일 행복실험과 공감식탁의
만남을 통한 기적 사례
를 이루며 사는 코치 삶의 영향력의 존재향기가
전해지는 책을 그려봅니다.
12월 3일 오후 4:55 5

**浩然 한민수 코치** 호연지기빛을 당신에게 비춥니다^^
**감사.사랑.축복합니다.안 남섭코치** 감사하우스의
기적입니다~ 기다려지는 책입니다~

**옹달샘(Spring)_이흥원** that gives you a new hope in y...
A068 제목: one
주요 내용..한 노래 / 한 사람 / 한 책
한 단어 / 한 장소
나를 있게하고 내가 살아오면서 겪었던 경험을 수필형식으로
적어 보고 싶다는 생각이 들었습니다.
12월 3일 오후 5:38 6

랜선코칭클럽 참가자들의 생생 댓글을 참고하세요!

**힐러 조미선**
A068.
성인 대상으로 평생행복론에 관해 쓰고 싶어요.
초등학생 이하 대상으로 행복지도, 행복보물섬 대탐험 같은 만화책을 출간해보고 싶기도 하구요.
12월 3일 오전 7:12 5

**知止 오정근** 마음부자로 행복하세요^^
힐러 조미선 행복 키워드는 누구에게나 공감을 일으키는 메시지여서 좋고, 그림도 잘 그리시나봅니다.

**향기_김미정**
A068. ..
금융기관 리더가 들려주는 생생 코칭 이야기..."은행직원 코칭 어디까지 해봤니?"
**목록**
Q. 전국 최하위  점포를 1등으로 만든 비결은?
Q. 내마음의 부처님 10명에서 2년만에 열반의 경지에 오른 리더의 마음은?
Q. 나이 많은 부하직원과 나이어린 리더가 함께한다는 것은?
Q. 의욕과 열의로 조직변화가 가능한가?
No !!!
Q.요구만 하는 직원과 의무를 안하는 직원!
절차를 중요시하는데 결과가 없는 직원!
어떻게 해야할까?
Q.  실력보다 인맥으로 포장된 직원
코칭하기!
Q.  요즘 세대 리더들은 소통과 리더십도
달라야한다!
Q.  조직의 리더로써 코치형리더십을
발휘한다는 것은.....

독자는 금융기관 HRD,리더, 비지니스코치를 꿈꾸는 분들 등...

# Q
# 069

## 당신의 10대 뉴스 중 빅 3는 무엇인가요? (어떤 장면, 사람, 일 중심으로)

A069

A069

A069

## 랜선코칭클럽 #069

**知止 오정근** 마음부자로 행복하세요^^
1. 아내와 함께 생애 처음으로 밭농사를 시작하여 20여 가지 작물을 재배하여 수확의 기쁨을 누린 일
2. 코로나 19 팬덤 상황 속에서 코로나 검사 1회 음성판정 받고 무사한 일
3. 코칭보다 강의가 더 많았던 한 해로서 대학원 3곳에서 강의를 한 일과 고등학생을 대상으로는 처음으로 독서코칭을 전개한 일

12월 4일 오후 8:23 5

**浩然 한민수 코치** 호연지기빛을 당신에게 비춥니다^^
知止 오정근 기쁨과 안심😌 이 있는 한해였네요~

**힐러 조미선**
A069.
1. 육아휴직과 제주이주로 쉼의 시간을 가진 것
2. 셀프코칭을 하다가 코치를 꿈꾸게 된 것
3. 변화된 환경에서 다양한 사람들을 만나고 내가 하고 싶은 것들을 하며 내면이 풍요로워진 것

**나조아 이문희**
A070.
1. 7년만의 외출 : 7년간 미운정 고운정이 들었던 집을 떠나 드디어 이사한 것.. 결정하기 어려운 것을 결정했다는 것에 의미가 있네요.
2. 150 시간 코칭 : C-level을 포함해 다양한 고객을 만나며 코칭의 지경이 넓어진 것.. 빼곡한 일정표를 보며 하나님께서 하셨음을 봅니다.
3. 2년만의 재회 : 2년전 고객이 힘든 일을 이겨내시고자 이번에 다시 코칭을 신청하신 것.. 가장 어려운 순간에 제가 떠올랐다 하셔서 가슴 뭉클하게 감사했습니다.

랜선코칭클럽 참가자들의 생생 댓글을 참고하세요!

**소원 권세연**

1.대학원진학1년 무사히 보낸것
2.육아휴직후 애들이랑 열심히 부비부비하고 놀며 책 초안 100쪽 쓴 것
3.코치로서 한발자국씩 내딛어서 코칭실습만 하다 유료코칭하고 있는것

**감사.사랑.축복합니다.안 남섭코치**

A069
1.결혼40주년
2.오늘이 미래다 공저 출간
3.꽃책으로 피다 문화사랑방 동네에 생긴것

12월 4일 오후 5:18 5

**상선약수 김혜영**

감사.사랑.축복합니다.안 남섭코치 꽃 책으로 피다! 멋진 곳이 동네에~~

**카르페디엠 노태성**

A069
1. 2년여만에 한민수 코치님과 인연이 닿아 랜선코칭클럽을 하며 다시금 코칭에 대한 소박한(?) 꿈을 시작한 사건
2. 교촌이라는 회사에서 일하게 된 것. 건축일을 하면서 한번도 생각해보지 못한 이곳에 입사하여 사옥 건축을 관리감독하고 있습니다.
3. 시작은 하지 않았지만 책을 쓰고자 하는 마음이 가득하여 계획하고 실천에 옮기고 있는 것

12월 4일 오후 5:37 5

# Q

# 070

# 당신은 발효되기 위해 태어난 존재입니다. 누룩은 죽어야 재탄생합니다. 당신의 죽어야 할 옛 속성은 무엇이며, 새롭게 태어나면 어떤 빵이 되어있을까요?

A070

A070

A070

# 랜선코칭클럽 #070

**터프여걸 장윤정** 하반기 첫날~ 행복을 느끼며
전 소보루빵요~ 가장 초보적이고 기초적인 빵... 우유와도 함께 먹고 남녀노소 다 먹을수 있는 소보루빵이 되고 싶네요~~ 오랜만에 참여합니다.^^
12월 7일 오전 11:11 5

**긍정해바라기_서희승** 진정성+평정심
**터프여걸 장윤정** 남녀노소 누구나 좋아하는 소보루빵 인정합니다^^
12월 7일 오후 5:00

**浩然 한민수 코치** 호연지기빛을 당신에게 비춥니다^^
저는 크로와상 생지입니다^^ 100번 넘게 손반죽(고난, 고통?) 치댐을 당하고, 이제 넓게 펴서 무염버터(코칭, 재능)를 발랐지만, 아직 혼연일체가 되지 못했습니다. 그 이유는 아직 반죽이 덜발효(고집과 아집의 옛 속성이 남음)되어서, 뜨거운 180도 오븐에 들어가기 싫어하는 것 같습니다.

이제 우쭐함, 어리석음을 죽이고, 온전히 무염버터(코칭, 재능)를 품어서 따땃한 오븐 안에 들어가려고 합니다.

갓구운 크로와상은 멋진 자태를 뽐내죠. 그런데 속은 구멍이 송송, 속빈 강정같지만, 무염버터(코칭, 재능)가 생지 반죽 곳곳에 스며들어 가장 향기로운 맛을 내기 위해 생기(生氣)로 변화하여 참자아 크로와상으로 탄생했습니다.

아~ 갓구운 크로와상을 한입 먹는 순간 최강의 바삭함, 촉촉한 부드러움, 그리고 혼연일체가 된 달콤한 버터향기가 입과 코를 즐겁게 합니다.

저는 크로와상입니다.
12월 7일 오전 10:48 4

랜선코칭클럽 참가자들의 생생 댓글을 참고하세요!

**상선약수 김혜영**
A070
전 부드러운 카스테라!

고집이 있고 의존적인 나의 성격이 누룩으로 인해 변화 되어서 새로운 카스테라로~~

입속에 들어가면 부드럽게
녹아서 달콤함을 전하는 카스테라으로 거듭나서 슬프거나
힘든 사람의 마음을 녹여주고 싶습니다^^

카스테라와 커피 한잔 드릴게요~~~^^

12월 7일 오후 1:27 3

**浩然 한민수 코치** 호연지기빛을 당신에게 비춥니다^^
**상선약수 김혜영** 부드러운 카스테라~ 와 커피한잔 잘 마셨습니다^^ 카스테라와 같은 부드러움~ 부럽습니다^^
12월 7일 오후 4:34

**옹달샘(Spring)_이흥원** that gives you a new hope...
**상선약수 김혜영** 와우~~ 입안에서 살살 녹는 카스테라와 방안을 가득 채우는 뜨거운 아메리카노의 향기~ 그립습니다
12월 7일 오후 5:42

# 평온함과 화목함을 나누다

Q071–Q080

# Q
# 071

## 감사할 분들을 떠올려보세요. 먼저는 가족, 그리고 두 번째, 세 번째 감사할 분은 누구이며 뭐라고 표현하고 싶으세요?

**A071**

**A071**

**A071**

# 랜선코칭클럽 #071

**리나 이미지코치**

A071.
먼저 묵묵히 성실히 가정의 버팀목이 되어준 남편에게 감사합니다. 그리고 부족한 엄마이지만 건강하고 밝게 자라주는 두 아들에게 감사합니다.
다음은 항상 챙겨주시는 양가부모님, 늘 저를 웃게 해주는 절친들, 저의 멘토님들, 마지막으로 코칭으로 저를 깨워주시는 랜선코칭코치님들을 비롯한 여러 코치님들께 감사합니다.

**김튜터 김주영**

먼저는 언제나 가족인 것 같고, 멀리있지만 늘 마음을 전해주는 친구들, 못되고 서운하게 해도 받아주는 남자친구, 불편함 없이 느껴지는 랜선코치님들, 잘 적응하고 와주는 학생들과 믿고 맡겨주시는 학부모님들, 근처에 강의 생길때마다 스케줄 물어봐주시는 강사님들까지 ㅎㅎ이렇게 써보니 상당히 많은 분들과 연결이 되어있고 감성을 주고 받고 있단걸 다시한번 느낍니다. 늘 감사하고 사랑하고, 그대들이 있어서 든든하다고 말해주고 싶네요~^^

**카르페디엠 노태성**

A071
1. 사랑하는 아내에게 감사와 사랑한다는 말을~~^^
2. 이제 곧 태어난지 1,000일이 되는 아들이 있어 행복하고 웃으며 살고 있습니다~~
3. 부모님~~ 언제나 묵묵히 함이되어주셔서 감사합니다~~
4. 랜선코치님들~~ 매일매일 고민과 생각을 하게 해주셔서 살아있다는 기분을 들게 해주셨습니다~~ 감사합니다!!!!
5. 비록 1년간 제대로 만나지는 못했으나 기쁜일이 있을때나 슬픈일이 있을때나 안부를 물어보며 함께 삶을 나눌 수 있었던 동생들~~ 내년에도 함께하자!!!! ㅋㅋㅋㅋ

랜선코칭클럽 참가자들의 생생 댓글을 참고하세요!

**터프여걸 장윤정** 하반기 첫날~ 행복을 느끼며
감사한 분들은 너무나 많습니다.
1. 아들을 키워주시는 친정어머니
2. 코로나로 걱정많으신데 믿어주시는 학생. 학부모님입니다.
3. 스터디룸 사장님, 친구들, 항상 저의 고민들어주시는
선생님들... 너무 감사합니다.♡♡

**옹달샘(Spring)_이홍원** that gives you a new hope in y...
A071 1.사랑 많은 아내에 감사~ 사랑해요^^
2.대학1학년을 보내며 코로나로 어려움이 있지만 즐겁게
생활하는 딸에게 ~고맙다.
3.5월에 군입대하여 부대의 코로나 발생으로 휴가 한번 나오지
못하는 아들~ 힘든 상황에서도 건강하고 군 생활 잘하고
있어서 고맙고 사랑한다.
4.부모님~ 올 한해도 건강하게 보내시니 감사합니다. 자주
찾아 뵐께요
5.아침 마다 말씀을 나누는 사랑하는 후배들..한결같이 말씀을
묵상하고 서로 나누는 네가 있기에~ 언제나 하나님께서
둘러쳐 놓으신 말씀의 울타리 안에서 살아갈 수 있고 힘을
얻는다. 고맙다♡
...많은 감사의 열매가 주렁주렁 열려있고 그 열매마다 감사의
대상이 연결되어 있음을 봅니다.

따뜻한 마음. 부드러운 말.부지런한 손과 발이되는 삶을
살아가야 겠습니다

12월 8일 오전 9:20 3

**浩然 한민수 코치** 호연지기빛을 당신에게 비춥니다^^
**옹달샘(Spring)_이홍원** 감사를 넘어 사랑으로~
따뜻함과 부드러움까지~ 마음에 담아갑니다~
고맙습니다.

12월 8일 오후 4:43

# Q
# 072

# 이제까지 살아오면서 당신이 했던 최고의 초긍정은 무엇이었으며, 지금 긍정이 필요한 사람에게 한마디 해준다면?

A072

A072

A072

# 랜선코칭클럽 #072

**소피아_박소영**
늦은나이에 출산을 해서 몸은 여기저기 아프고 난생 처음해보는 육아에 내가 잘하고 있나 싶고 잠이 부족해서 비몽사몽에 아기가 울때면 아직도 멘붕이지만... 저를 보며 방긋 웃어주는 그 미소에 힘이 생기네요! 앞으로 잘할수 있을까? 걱정도되고 불안한맘도 있지만 요즘 초긍정의 마인드로 하루하루를 즐기고 있습니다.

제가 스스로에게 그리고 누군가에게 해주고 싶은 말은 오늘은 다시 오지 않는 선물같은 하루이다. 기쁘고 감사한 마음으로 오늘을 즐기자. 입니다. ^^

12월 9일 오후 4:13 4

**浩然 한민수 코치** 호연지기빛을 당신에게 비춥니다^^
소피아_박소영 초긍정이 도움이 되네요^^(저는 초긍정까지는 잘 안되더라구요)

아기의 백만불짜리 미소가 여기까지 전해 오는 것 같아요. 선물같은 하루를 기쁘게 즐기는 것처럼~ 앞으로도 잘하고 말구요^^ 앞으로도 쭈욱~ 잘 할거라고 기운 팍팍 실어드려요~~~^^

**힘찬 안순봉**
a072 가족 중 여러명이 한꺼번에 건강이 좋지 않고, 직장도 옮겨야 했고, 거주하고 있던 집에 문제-하수역류-가 생기는 총체적인 난국에서 내게 했던 초긍정 "지나가겠지", "지나 갈 꺼야"

긍정이 필요한 분에게 조심스럽지만 "괜찮아 질 겁니다"
아휴! 정말 못하겠습니다. 긍정이 필요하다는 뜻이 지금 어려움을 겪고 있다는 뜻이라면 뭐라 할지 모르겠네요. 눈빛과 손을 잡아 주겠습니다.

12월 9일 오후 4:37 3

랜선코칭클럽 참가자들의 생생 댓글을 참고하세요!

**힐러 조미선**

A072. 내가 살아오면서 했던 초긍정은 다양한 순간에 나타나며 지금도 초긍정을 실현하고 있습니다.

경제적으로 어려울 때, 가족이 많이 아플 때, 성취하려던 일이 잘 되지 않을 때, 나의 선택이 잘못되었다는 걸 직감할 때 등 외적요인 또는 내적갈등으로 멘탈이 흔들릴 때마다 긍정과 감사로 극복하고 있습니다.

모든 일에 우연은 없다고 생각합니다. 좌절과 실패를 겪고 계신 지금은 꿈을 이루기 위해 겪는 성장통일 것입니다. 단단한 초석을 다져야 이루시는 것들이 안무너지지 않겠습니까. 한계는 없습니다. 현재에 감사하며 긍정적인 마음을 갖고 포기하지 마십시오. 언젠가는 이루어집니다.

**나조아 이문희**

A072.

물살이 센 개울을 건널 때에는 맨 몸보다 무거운 짐을 지고가는 게 안전하다, 우리 인생도 그렇다.. 라는 말을 30대에 듣고 크게 위로받았던 기억이 납니다. 그 때 한참 부모님이 경제적으로 어려운 일을 당하셔서 제가 그 부채를 안고 "돈으로 해결할 수 있는 문제가 제일 작은 문제다" 라고 외치며 버티는 중이었거든요. 지나고보니 그것 또한 오늘의 저를 있게 한 자원이 된 것이 분명합니다. 좋아보이든 아니든 감사로 받아 인내로 통과하면그 안에는 그 분이 계획하신 선물이 있다고 믿고 갑니다.

12월 9일 오전 8:33 6

**김튜터 김주영**

**나조아 이문희** 맙소사..."물살이 센 개울을 건널 때에는 맨 몸보다 무거운 짐을 지고가는 게 안전하다, 우리 인생도 그렇다" 어쩐지 너무 찡해요ㅠㅠ

12월 9일 오후 1:08

# Q
# 073

# OOO께서 한 해 동안 애썼다며 선물을 주신다고 합니다. 가장 받고 싶은 선물 한 가지는 무엇인가요?

A073

A073

A073

# 랜선코칭클럽 #073

**향기_김미정**
A073. 00호텔 일주일 이용권
한 해 동안 수고한 나에게 최고급 00호텔 이용권으로 뷰가 아주 좋은 호텔에서 룸서비스도 이용하고, 야외 온천을 하면서 뻥뚫린 하늘과 바람도 느끼고, 잠이 솔솔 오는 푹신한 침대에서 깊은 잠도 자고, 늘 긴장감으로 무장한 몸도 마사지하고, 스카이라운지에서 와인 한잔에 카나페까지..
일주일동안 나를 위해 충분히 힐링 호캉스를 보내고 싶습니다.^^
상상만으로 너무 즐겁네요.. 좋은 질문 감사합니다~~~~~♡

**힐러 조미선**
A073. 정말 사랑하고 일년동안 잘 지내줘서 고맙다는 말, 편지, 포옹을 많은 이들에게 받고 싶네요. 올해는 연락이 뜸했던 지인들에게 안부 메시지라도 보내야겠습니다.
12월 10일 오전 7:03 4

**상선약수 김혜영**
힐러 조미선 마음이 따뜻해지네요~~^^
저도 동참하고 싶어요~~♡

**상선약수 김혜영**
A073
내년에 읽고 싶은 책 맘껏 고르라고 해 주면 좋겠습니다~새책 냄새 맡으면서 읽고 싶은 책을 선물 받으면 행복하겠습니다!
나를 위해서 남편이 그런 호의를 베풀어 준다면...
책 좋아하는 사람은 책이 가득한 곳이면 그곳이 천국!
혼자만의 충분한 시간과 바다가 보이는 공간도 선물 받고 싶어요~~
지금 사둔 책들 맘껏 읽을 수 있다면 좋겠습니다!
생각만으로도 행복~~^^

랜선코칭클럽 참가자들의 생생 댓글을 참고하세요!

**나조아 이문희**
A073.
가장 받고 싶은 선물은 맛과 영양이 가득한 365일 웰빙 밥상 쿠폰이요!! 사먹는 음식, 배달 음식, O마트 국과 찌개.. 등등에서 벗어나서 진짜 밥다운 밥을 매일 먹고 싶어요 ㅠㅠ ㅎㅎㅎ

**지혜 김성희코치** CEO책쓰기코칭
A073
간절히 바라는 나의 선물은
나의 아지트를 가지는 겁니다.
남편한테 건물하나 사달라고 했더니만
동네부동산에 알아보니 나온게 없다고 하네요.
그래서 오피스룩 사달라고 하고 있어요.
사줄까요?

**知止 오정근** 마음부자로 행복하세요^^
1주일간 사용가능한 KTX 무료 이용권을 받으면 좋겠습니다. 전국 여행을 다니면서 이동 중에는 사색의 시간을 갖고 여행지에서는 사람들을 만나 이야기도 나누며 맛있는 것도 먹고 즐기는 추억의 시간을 보내고 싶습니다.
12월 10일 오후 9:40 2

**바람코치 신은희**
**知止 오정근** 넘 좋네요 길 위에서 살아있는 인문학을 실천하실것 같은 느낌이예요
12월 10일 오후 10:07

**知止 오정근** 마음부자로 행복하세요^^
**바람코치 신은희** '길 위에 살아있는 인문학 '이란 타이틀을 하나 얻게 되어 좋습니다. 감사합니다^^

# Q 074

# 오늘부터 '새해라는 다짐'으로, 혹은 '1인 기업의 대표라는 다짐'으로 슬로건을 만들고 그 의미를 말씀해 주세요.

A074

A074

A074

## 랜선코칭클럽 #074

**카르페디엠 노태성**
A074 내가 먼저!!!!
사랑, 인정, 일 그 무엇이 되었든 남에게 원하기보다는 내가먼저라는 마음으로 한해를 살아가면 불평이나 불만이 조금은 사라질 듯합니다~~^^

**浩然 한민수 코치** 호연지기빛을 당신에게 비춥니다^^
A074.
'오늘부터' 다시 盡人事 待天命(진인사 대천명) 합니다.
저에게 맡겨진 도리에 최선을 다하고, 하늘의 뜻을 기다립니다.

'기업 대표'로서 다시 다짐하며 浩然智企(호연지기)합니다.
넓고 깊은 마음과 자연스럽고 편안한 태도와 지혜와 가능성을 가지고 임하며 지금 이 순간에 집중합니다.
12월 11일 오후 1:39 6

**향기_김미정**
호연 한민수 코치 늘 최선을 다하는 지혜와 실행력을 가지고 계신 호연님 덕분에 랜선코칭클럽에 집중하게 됩니다..슬로건대로 이루세요..꼭이요~~~

**知止 오정근** 마음부자로 행복하세요^^
덕분에 자기암시용 슬로건을 만들어 봅니다.
존재 : 내 안에 답있다. 나답게 살자.
에너지 : 남에게 인정 받으려 말고, 내가 나를 인정하자
일 : 처음이 어렵지, 반복하면 쉬워진다.
성장 : 남과 비교하지 말고, 어제의 나와 비교하자.
관계 : 사랑했노라고 말하지 말고, 내가 사랑 받을만 했는지 돌아보자.
12월 11일 오전 11:45 6

랜선코칭클럽 참가자들의 생생 댓글을 참고하세요!

**옹달샘(Spring)_이홍원** that gives you a new hope in y...
♡충만한 삶과 성장 돕는 당신의 파트너♡~ 2021년 직원들 개개인의 성장을 이끌어 주며 삶의 목적을 발견하고 실천해가는 충만한 한해를 살아가도록 지원하는 파트너가 되고자 합니다. 개인의 행복이 조직 성장의 기 반임을 보여줄 것입니다
12월 11일 오전 8:57 6

**긍정해바라기_서희승** 진정성+평정심
A074.원하고 바라고 기대하면 이루리라^^간절함과 확신이 있으면 행동하게 되고 강한 에너지흐름에서 선의의 동역자도 만나 함께 성취할수 있다는 의미로 믿음대로 되길 바래봅니다 ^^
12월 11일 오전 10:06 6

**향기_김미정**
**긍정해바라기_서희승** 간절함..제가 참 좋아하는 단어입니다. 멋진 2021년을 응원합니다^^

**향기_김미정**
A074. "슬기롭게! 담대하게! 나답게! 하고싶은거 맘껏 하자!" 일도.공부도, 쉼도 맘껏 슬기롭게 누려보고 싶습니다..때론 저항과 부딪힐지라도 담대하게 이겨내고, 협업은 반드시 함께하는 이들에게 정리된 논리로 슬기롭게 설득하고, 나에게 충분한 보상은 부족하지 않을만큼 최상으로 하고 싶네요..
12월 11일 오후 1:52 4

**浩然 한민수 코치** 호연지기빛을 당신에게 비춥니다^^
**향기_김미정** 충분한 최상의 보상!! 받기에 충분하고도 넘치십니다^^ 넘치는 건.. 저에게.. ㅋㅋ(웃어요^^)

# Q
# 075

## 가장 크게 느꼈던 Gut Feeling은 무엇인가요?

*Gut Feeling은 뱃속 깊이에서 오는
직감 혹은 육감이라는 뜻입니다.

**A075**

**A075**

**A075**

# 랜선코칭클럽 #075

**힐러 조미선**
A075.
1. Gut Feeling의 경험은 상대방과의 관계를 변화시키거나 위로해주고 싶을 때 느껴져요. 내가 주고 싶은 에너지를 생각하고 상대방을 대했을 때 상대방의 변화가 포착되면 기쁘면서도 전율이 느껴져요. 감사훈련처럼 좋은 에너지 쌓기로 나도 모르게 긍정적으로 바뀐 내 안의 변화를 직감할 때도 그렇구요.^^

2. 39조 마리나 되는 미생물들아, 특히 유익균들아~ 내가 유산균이나 좋은 영양제를 먹지도 않는데 열심히 활동해줘서 정말 고마워. 너희가 있어 내가 건강할 수 있구나.
앞으로 식단에 더욱 신경쓸게. 나의 미생물들아 사랑한다.
앞으로도 잘 지내보자~♡

**긍정해바라기_서희승** 진정성+평정심
Q075.가장크게 느꼈던 Gut feeling은 남편과 첫만남에서 이남자랑 결혼하겠구나라고 필이 왔어요...내몸의 미생물들아 평온히 나와 함께 잘 지내보자^^

**옹달샘(Spring)_이홍원** that gives you a new hope in y...
A075 건강을 챙겨주고자 소화에 또는 면역력을 높이고 밸런스를 잡아주는 장내미생물에 고마움을 전하며 저녁을 맞이 합니다. 오늘 하루도 감사합니다
12월 14일 오후 5:03 2

**浩然 한민수 코치** 호연지기빛을 당신에게 비춥니다^^
옹달샘(Spring)_이홍원 고마움을 전해주시니, 저도 더욱 신이나서 면역력을 키웁니다. 세포와 세포와 연락해서 더욱 건강한 세포를 만들어갑니다~
고오맙습니다^^ (미생물曰)

랜선코칭클럽 참가자들의 생생 댓글을 참고하세요!

**浩然 한민수 코치** 호연지기빛을 당신에게 비춥니다^^

1. Gut Feeling 은 코칭 고객을 만날 때, 종종 느껴요. 코칭 시작 전에 묵상(명상)하며 오늘 만날 고객에게 '용기'를 줘야겠구나 떠오름이 있어서 그렇게 임하며 코칭하며 마무리하면 고객께서 먼저 "코치님 용기주셔서 감사합니다." 말씀주실 때 감사와 전율을 느끼네요. 최근엔 평온한 마음으로 임했을 뿐인데, "코치님, 항상 평온함을 전해주셔서 감사합니다." 말씀을 들을 때 였어요. 그리고 최근 코로나블루로 인해 '아, 우울증이 오겠다.' 직감하고 있었는데, 마침 그때 친한 지인 코치님께서 따뜻한 카톡을 보내주셨어요. 카톡글 읽으며 마음이 녹고 내면에서 감동의 눈물로 전율했더니, 코로나블루가 싹~ 사라졌어요. 이심전심으로 통할 수 있어서 정말 감사했어요~

2. 보이지 않고, 다 느낄 수 없을 때도 많지만, 내 심장이 여전히 뛰고 있듯이 장내 미생물이 나와 공존하며 나의 면역력을 지켜주고 나를 해독해주고 있다는 사실에 감동하게 되네요.

"고맙다 내 몸의 미생물들아~"

이제 몸을 좀더 아끼고, 야채 채소 과일 단백질 식단으로 바꾸며 보다 건강하게 힘차게 39조 미생물들과 "우주의 리듬을 타라" 책제목 처럼 지금 이 순간을 즐기고 누리겠습니다.

12월 14일 오전 9:32 5

**바람코치 신은희**

**호연 한민수 코치** 우주의 리듬을 타라 는 책도 있군요😍 우리 코치님 평온함에 리듬감까지 더해지면 더할나위없는 gut feeling이 완성되겠어요🖤

12월 14일 오전 10:22 1

**상선약수 김혜영**

**호연 한민수 코치** 멋지십니다! 데이비드 호킹스박사의 의식혁명에 나오는 럭스 측정하면 높으실겁니다^^

# Q
# 076

## 당신을 나타내는 3가지 키워드는 무엇인가요? 그리고 그 의미도 말씀해 주세요.

A076

A076

A076

# 랜선코칭클럽 #076

**JD 김현경**
성실. 긍정. 즐거움
•성실 — 확신을 가지고 꾸준히 해나가는 것
•긍정 — 어떠한 상황속에서도 감사한 마음으로 내가 할 수 있는 일을 찾아내는 마음
•즐거움 — 기쁨과 감사의 에너지가 표현되는 것
12월 15일 오전 7:43 5

**숲향—정혜연**
JD 김현경 성실 긍정 즐거움..그 에너지가 전해지네요
12월 15일 오후 9:37

**浩然 한민수 코치** 호연지기빛을 당신에게 비춥니다^^
JD 김현경 즐거운 에너지와 긍정 마인드로 임하니 더욱 확신이 생기고 성실하게 추진하시군요!! 응원드려요~*

**상선약수 김혜영**
A076
1. 한결같음 —변화를 좋아하지 않기도 하고 타인을 향해서도 한결같은 맘을 유지 하려 합니다. 곁에 사람들도 종좃 그렇게 말하고요..
2. 긍휼함— 내안에 하나님 주시는 긍휼함이 흐르고 있음을 느낍니다..
3. 책과 성경—늘 내곁에서 내 영혼의 샘물이 되는 원천입니다!

12월 15일 오전 9:18 4

**숲향—정혜연**
상선약수 김혜영 한결같음 긍휼함 책과 성경의 상선약수 김혜영코치님.^^
12월 15일 오후 9:38

랜선코칭클럽 참가자들의 생생 댓글을 참고하세요!

**바람코치 신은희**
A076. 나를 나타내는 키워드3: 호기심, 신바람, 자유
♩ 호기심☞ 모든 사물, 현상, 사람과 배움에 호기심이 참 많습니다.
♪ 신바람☞ 바라는것wants도 많고 흥도 많아요.
♬ 자 유 ☞ 무엇보다 주체적인 셀프를 사랑합니다.
12월 15일 오전 8:19 5

1개의 답글 더보기

**숲향—정혜연**
**바람코치 신은희** 호기심 신바람 자유...그모습그대로 전해지네요^^
12월 15일 오후 9:37

**浩然 한민수 코치** 호연지기빛을 당신에게 비춥니다^^
**바람코치 신은희** 자유와 사랑은 친구입니다^^
셀프러브가 타인러브입니다^^
12월 15일 오후 11:39

**바람코치 신은희**
**호연 한민수 코치** 저도 어제 음성파일 듣고 딱 통한 느낌이라 넘 신기하고 좋았어요
12월 16일 오후 2:23

**바람코치 신은희**
**숲향—정혜연 소원 권세연** 그대로 느껴주셔서 감사드려용❤❤❤
12월 16일 오후 2:23

**浩然 한민수 코치** 호연지기빛을 당신에게 비춥니다^^
**바람코치 신은희** 우왕~ 들어주셔서 감사해용^^ 댓글 남겨주셨어요? 댓글도 한번 부탁드려용~~~^^;
12월 16일 오후 2:26

# Q 077

## 역사 속 인물 중에서 당신이 만나고 싶은 분은 누구인가요? 그분을 만나서 꼭! 하고 싶은 질문 한 가지는 무엇인가요? 그리고 그분께서 뭐라고 답변하실까요?

## A077

## A077

## A077

# 랜선코칭클럽 #077

**知止 오정근** 마음부자로 행복하세요^^
저는 피터 드러커를 만나고 싶습니다. 공자님이 크게 지혜롭다고 평가하신 분이 순임금인데, 순임금과 피터 드러커과 공통점이 관찰하기와 질문하기를 좋아했습니다(호문호찰 好問好察) . 피터 드러커는 스스로 사회생태학자라고 불리우길 원했고, 그 이유가 생태학자는 관찰할 뿐 개입하지 않는다는 원칙을 갖고 계셨고, 자서전 격인 <Adventure of Bystander>(구경꾼의 모험/ 국내 번역서는 2종인데 제목이 한권은 [방관자의 모험], 다른 한 권은 [피터드러커 자서전])라는 책을 통해 자신에게 영향을 준 사람들에 대해 관찰한 내용을 읽고 깨달음이 많았습니다. 또한 39권의 저서를 통해 시대를 꿰뚫는 통찰을 많이 전해주셨습니다.
제가 묻고 싶은 질문은
"드러커선생님, 선생님처럼 관찰을 통해 통찰을 이끌어낼 때 어떤 사고 방법을 활용하면 좋을까요? 또 그렇게 되기 위해 준비할 것은 어떤 것인가요?"
입니다.

**옹달샘(Spring)_이홍원** that gives you a new hope in y...
A077 세종대왕님을 만나 보고 싶습니다. 백성들의 입장에서 생각하는 사랑의 마음. 한글 창제에 숨겨진 진실은 어떤 것이 있는지. 인재를육성하고 적재 적소에 사람을 중용하는 방법 등의 지혜 등을
편하게 앉아서 또는 영화 천문에서 처럼 누워 밤하늘 별을 보며 이야기 나누고 싶습니다^^
오늘 밤에 만원 지폐를 잘 펼쳐 놓고 잠을 청해보겠습니다.
꿈속으로 찾아 오시라고~~
12월 16일 오후 7:14 3

**상선약수 김혜영**
옹달샘(Spring)_이홍원 선왕 세종대왕이 꿈 속에 나타나셔서 함께 별을 보게 되시길요^^

랜선코칭클럽 참가자들의 생생 댓글을 참고하세요!

**바람코치 신은희**

A077. 저는 일단 세 분 정도 만나뵙고 싶어요ㅎ
1800년대로 가서
1. #빈센트 반고흐를 만나 "사회의 질타나 외로움 가운데서도 꿋꿋이 창조활동을 이어나갈 수 있었던 원동력은 무엇인가요?" 라고 여쭤보며 후대에 그가 얼마나 인기스타인지도 알려드리고 싶어요.
2. 그다음으론 심리학자 #아들러 를 만나서 "개인심리학을 창시하고 긍정훈육에도 일가견이 있으신데, 자녀들을 키울때 어떤 방법이나 마음가짐으로 임했는지요?"를 여쭤보며 저도 계승하고 싶으니 저를 제자로 받아주세요💚 라고 하고 싶어요.
3. 끝으로 #헤르만헤세 를 만나 "지독한 진로 갈등과 우울증이 있었지만 결국 글과 그림 등의 작품으로 승화시키셨는데 어떤 노력들이 필요하셨는지요?" 라고 여쭤보며 그 옆에서 같이 그림을 그려보고 싶어요. 책에 친필싸인도 받고요ㅎ

**긍정해바라기_서희승** 진정성+평정심

A077.나폴레온 힐을 만나뵙고 싶어요^^자기계발 서적의 대가로서 행동과 실천을 통해 성공하신 당신만의 강점이 무엇일까요?...무조건 자신을 믿고 해봐하라고 답해주실꺼 같습니다..

**김튜터 김주영**

미켈란젤로를 만나보고싶습니당ㅎ천지창조를 처음 보고 얼마나 감탄했는지^^ 관련한 일화가 많은데 얼마나 고집쟁이였는지 궁금하기도하고 천지창조를 그릴때 무슨생각을 하며 버텼나 물어보고 싶기도 하네용! 대답은 왠지 안해줄것같은 느낌..ㅋㅋ

12월 16일 오후 5:27 3

# Q
# 078

# 랜선코칭클럽은 여러분에게 어떤 의미인가요? 그리고, 앞으로 어떤 모임이 되기를 희망하시는지 궁금합니다.

A078

A078

A078

# 랜선코칭클럽 #078

**카르페디엠 노태성**

A078 랜선코칭클럽은 활력소이다. 매일아침 오늘은 어떤 질문이 올라올까 기대하고, 질문을 받았을 때는 하루종일 그 질문에 대한 고민을 하며 나의 삶을 돌아보거나 미래를 생각해 봅니다~~ 덕분에 매일매일이 지루할 틈이 없이 저를 성찰해 갑니다.

랜선코칭의 미래를 생각해보면 지금처럼 질문을 통해 자신의 삶을 돌아보며 성찰을 할 수 있는 공간으로 지속되며 발전이 되길 바래봅니다. 좀 더 큰그림(?)을 그린다면,
랜선코칭학회(?)로 발전이 되어 각자의 성찰에 대한 결과물과 개인적으로 공부하고 연구했던 것들을 공유하고 발표하는 시간들도 가지면 좋을 것같습니다~~
오늘도 감사합니다^^

**상선약수 김혜영**

A078
"랜선 코칭 클럽은 흐르는 맑은 강물이다"
오늘은 어떤 질문이 있을까?
질문의 대답을 궁리하면서 나의 정체성을 정립하고 다른 코치님들의 지혜를 들을 수 있어서 행복합니다!

이 모임이 계속 되어서 백개 질문이 만들어져도 다시 새롭게 출발해서 또 다른 비상을 꿈 꿉니다!

코칭은 내면의 혼란을 정리해서 표현하면서 자신을 찾아가도록 돕는 일이니 끝나는 그날까지 묻고 답하면서 대양인 바다를
향해 가고 싶습니다!

함께 어울려 흘러가는 커다란 강물이 되고 푸른 바다로 나아가는 그날까지 지속 되길 바래봅니다~~^^어울려쳐 흐르는 맑은 강물 되어서!

랜선코칭클럽 참가자들의 생생 댓글을 참고하세요!

**덤덤 이영실(멘탈코치)**

A078
오랜만에 인사드려요

좋은 질문 감사합니다

랜선코칭클럽은 나에게 어떤 의미인가?

코치로 살아오면서
늘 질문하는 사람으로 익숙해 있었습니다
매일매일 올라오는 질문에
제대로 답변하지 못하는
제 자신을 보면서
그동안 제 질문에 답변해 주셨던
수많은 고객님들을 떠올리며
감사했던 시간이었습니다

랜선코칭클럽은
지금처럼
좋은 질문과
편안한 마음으로
답을 할 수 있는 그런 모임이 되기를 희망합니다

감사합니다 ~~^^

**긍정해바라기_서희승** 진정성+평정심

A078.랜선코칭클럽은 지혜의 창고인거 같아요...코치님들의 삶을 대하는 자신들만의 히스토리를 보면서 아하를 외치는 깨달음의 연속입니다...집단지성의 힘을 피부깊숙이 느끼는 곳입니다. 혼자서는 할 수 없지만 함께라서 가능한곳..지속가능한 성장을 기대해봅니다^^함께할 수 있음에 감사합니다♡

12월 17일 오전 9:12 5

# Q
# 079

## 현재 감정 상태는 어떠하며, 앞으로 어떤 감정 상태, 정서로 가기를 원하세요?

## (예시: 용기, 한결같은 마음, 자유, 포용, 분별, 사랑, 기쁨, 깨달음 등)

A079

A079

A079

# 랜선코칭클럽 #079

**나조아 이문희**

A079. 조직 전체의 미래 먹거리를 준비하는 분들을 코칭하게 되었습니다. 다른 부서보다 더 치열하게 일하며, 성과를 만들어야 하는 부담으로 가득한 분들을 하루에 두 세 분씩 밀도 높게 만나다 보니 그 부담이 저에게도 밀려오는 듯 하여, 제 안에 불안, 긴장, 부담스러움, 조급함 등의 감정이 출렁이는 것이 보입니다.

그럴수록, 저를 비우고 고요하고 잔잔하고 깊은 호수가 되어 그 분들을 비춰주고, 그 분들의 출렁임이 잦아들게 도울 수 있도록
깊~~고 넓~~은 평온함을 만들고 싶습니다.

* 코칭 전 "내게 강같은 평화~" 이 찬양을 불러볼까봐요^^

**카르페디엠 노태성**

A079 딱 지금의 감정의 상태를 말하자면 답답함과 이해가 안되는 상황의 연속입니다~~~^^
물론 이또한 결과물을 만들며 해결하고 지나가겠지만....
기쁨과 평안의 마음이 그리고 이번 기회에 무엇인가 하나를 배웠다는 뿌듯함과 성취감도 추가가 되겠지요~~~^^

**옹달샘(Spring)_이홍원** that gives you a new hope in y...

A079 마음 속에서 올라오는 짜증과 답답함으로 오후시간을 보내고 있습니다. 사람이 자기 유익을 먼저 구하는 것이 당연하다고들 하나 서로를 배려하는 행동과 말이 갈등을 좀 더 원만하게 해결할 수 있을텐데 그렇지 못함을 보며 짜증. 속상함.답답함을 이 시간충분히 경험하고 있습니다.

좋은 것을 선택하고  조율할 수 있는 분별의 마음으로 가득 채워 이 문제를 지혜 롭게 해결하고 기쁨을 누리고 싶습니다.

랜선코칭클럽 참가자들의 생생 댓글을 참고하세요!

**힐러 조미선**
A079. 현재는 평안과 불안의 공존 상태입니다. 크게 부족하지 않는 환경에서 무언가를 열심히 하려는 나의 열정은 결핍이나 불안의 허울좋은 이름일 수도 있겠습니다.
고요한 평상심과 넘치는 사랑을 지향합니다. 무의식적으로 긍정적인 사고를 할 수 있는 경지를 꿈꿔봅니다. 좋은 질문 감사합니다.

**아하_한혜정코치**
A079. 현재는 평온입니다. 코로나를 극복하기 위한 노력을 급한 마음보다는 함께 사랑으로 지내는 마음이랄까요.
앞으로는 한결같음으로 분별하는 삶이 되도록 하렵니다. 하나 더 있다면 매사에 감사하는 마음으로 작심하루가 되기를요.
향기님, 그리고 랜선코칭클럽 여러분 감사합니다.

**소원 권세연**
A079현재 감정상태 아침에 썼으면 오늘까지 내야하는 과제때문에 우울.짜증.예민이었을텐데.
오전에 제출하고 지금 뒹굴뒹굴 너무 좋아요 기쁨.평안함.신남.

앞으로는 평정심 유지 였으면 좋겠어요^^
12월 18일 오후 3:22 3

**浩然 한민수 코치** 호연지기빛을 당신에게 비춥니다^^
**소원 권세연**

# Q
# 080

## 허락된다면 절대자, 신, 영적 스승에게 묻고 싶은 질문은 어떤 것인가요? 이와 같이 질문한 이유는 무엇인가요? 상상해본다면 뭐라고 답하실까요?

A080

A080

A080

# 랜선코칭클럽 #080

**지혜 김성희코치** CEO책쓰기코칭
A080
1.내 삶에 떠오르는 것들에 대하여 그 뜻을 알고 나와 관계하는 모든이에게 선한 영향으로 함께 할 수 있는 역량과 지혜를 가지고 당신의 의도에 맞게 제가 잘 살아가고 있나요?
2. 1번의 답을 알고 있다면 좀더 여유롭게 ~주의를 보며 사랑하고 감사하고 함께할 수 있는 사람들과 더 즐겁게 여유자작 하고 싶어요~
3.,물론이지 ~
사랑하는 내 딸아!
너의 생각되로 될지어니 걱정말고하고자 하는데로 마음껏 펼처보거라~
너의 뒤에는 내가 항상 있노라♡

**知止 오정근** 마음부자로 행복하세요^^
1)묻고 싶은 질문 : 진리를 담은 좋은 경전들이 세상에 오랫동안 전해지고 있어도 앞뒤 다른 말이 섞여 있어 혼란스럽기도 하고, 어렵게 느껴지기도 합니다. 신의 섭리, 우주의 진리, 삶의 원리를 가장 쉽게 알 수 있는 책이 있다면 어떤 책일까요?
2)묻고 싶은 이유 : 진리를 알면 보다 얽매이지 않고 자유로워질 것 같습니다. 왜냐하면 진리가 길잡이 역할을 하게 될 것이고, 순리대로 살면서 진리 안에서 지혜를 얻으며 세상 사는데 도움을 얻으며, 미래가 그다지 불안해하지 않겠고, 설사 고통이 있다해도 섭리로 받아들이기 쉽겠습니다.
3)신의 대답 : "내가 곧 진리다. 나를 사랑하면 그 안에 답이 있다. 내가 네 안에 있지 아니하냐? 내가 느껴지면 나를 사랑하는 것이다."
12월 21일 오전 9:07 2

**상선약수 김혜영**
知止 오정근 저도 그 질문이 늘 따라 다녔습니다^^ 그 영 안에 머물며 주시는 평강과 기쁨 안에서 자유함으로..^^

랜선코칭클럽 참가자들의 생생 댓글을 참고하세요!

**浩然 한민수 코치** 호연지기빛을 당신에게 비춥니다^^
A080. 저는 절대자에게 묻고 싶은 질문은 없네요^^ 다만 뵙는 날에 따뜻한 차 한잔하며 이런저런 담소를 깊이있게 부드럽게 나누고 싶네요.

그럼에도 불구하고 묻고 싶은 질문이 있다면,
천년을 하루같이, 하루를 천년같이 어떻게 지내셨어요?

저에겐 하루가 때론 빛보다 빠르고, 때론 잔잔한 호수와 같이 멈춰있는 것 같은데, 천년을 하루같이 기다리시는 온유와 인내 앞에 하염없이 서 있습니다.. 자족하고 만족하는 삶에서도 나만 생각하고 타인을 바라보지 못하는 저 자신을 위해 천년을 하루같이 기다려주셔서 감사합니다. 사람의 힘으로 되지 않는 것이 많다는 것을 알게 됩니다.

12월 21일 오후 8:21 4

**知止 오정근** 마음부자로 행복하세요^^
호연 한민수 코치 감사를 전하고자 하는 마음이 아름답습니다^^

**긍정해바라기_서희승** 진정성+평정심
A080.1)지금 내가 잘 살아가고 있는지요?
2)과거를 돌이키면 후회가 미래를 생각하면 지금 선택한 길에서 잘 할 수 있을까? 걱정이 듭니다. 신께서 잘 하고 잘 가고 있다고 한다면 집중해서 현대를 즐기면서 잘 갈 수 있을꺼 같아요^^
3)너의 믿음대로 될지어다~~^^

12월 21일 오후 2:49 3

**힐러 조미선**
긍정해바라기_서희승 저랑 똑같은 생각을 하셔서 놀랐어요! 각자의 믿음대로 되겠지요?ㅎㅎ

12월 21일 오후 3:03

# 인식을 넘어 깨달음으로

Q081–Q090

# Q
# 081

# 하기만 하면 기분이 바로 좋아지는 나만의 레크리에이션(recreation) 방법은 무엇인가요?

A081

A081

A081

# 랜선코칭클럽 #081

**상선약수 김혜영**
A081
알라딘 중고 서점에서 보물찾기입니다!
좋아하는 영성작가의 국한 책이나 좋아하는 작가의 책을 만나는 날은 보물 찾은 듯
기분이 up됩니다^^

12월 22일 오전 8:58 4

**바람코치 신은희**
상선약수 김혜영 저도 완전 공감이요♥ 중고책방에서 보물찾기가 찐이죠♥

**힐러 조미선**
A081. 따뜻한 티에 달달한 간식을 먹으며 잠시 휴식을 취하는 거요.
치즈케이크나 초컬릿과자, 라떼를 먹으며 한숨 돌리면 기분도 머리도 환기가 되네요.
유의사항은 확~찐자가 된다는 점~
12월 22일 오전 11:19 4

**향기_김미정**
힐러 조미선 달달한 거 하나 있으면 세상을 다 가진 기분입니다.^^

**리나 이민지코치**
A081
'달콤하고 진한 한 입'과 '음악' 입니다. 상황에 따라 듣고싶은 음악을 크게 틀어놓고 초콜릿이든 케익이든 한 입 먹고 '음~' 느끼며 분위기를 전환시키고 재충전한답니다^^

랜선코칭클럽 참가자들의 생생 댓글을 참고하세요!

**긍정해바라기_서희승** 진정성+평정심
A081.음악이 없어도 몸에 흥을 맡겨 추는 막춤입니다^^오래하지 않아도 잠시잠시 흔들어주어도 기분 최고입니다^^
12월 22일 오전 7:35 4

**나조아 이문희**
A081. 저는 "밤" 을 먹는 겁니다 ㅎㅎ
생밤, 군밤, 찐밤 상관 없어요. 스트레스가 많을 때 갓 쪄낸 따끈한 밤을 찬물에 샤워시킨 후 껍질을 까서 김이 모락모락 나는 노오란 밤을 입에 머금고 있으면 행복이 몰려와요~
** 하절기엔 밤이 너무 비싸서 그럴 땐 고기 앞으로.. 진격! 합니다^^
12월 22일 오전 8:05 3

**상선약수 김혜영**
나조아 이문희 밤을 좋아하시군요~~^^기억 해 둘게요~~

**멍석 연영주** 맘껏 드러낼 수 있도록 멍석을 깔아드리는 코치입...
A081. 저는 딸과의 대화입니다.
하루 일과중 저녁 10분가량 딸과의 대화로 스트레스 제로, 행복만땅 충전되지요 ㅎ
12월 22일 오전 8:11 5

**바람코치 신은희**
멍석 연영주 따님은 행운아네요~ 멍석코치님같은 아버지가 있어서요
12월 22일 오전 10:30

# Q
# 082

## 지금 떠오르는 가장 보람 있었던 순간은 언제인가요? 지금까지 가장 잘 했다고 생각하는 세 가지는 무엇인가요?

A082

A082

A082

# 랜선코칭클럽 #082

**知止 오정근** 마음부자로 행복하세요^^

知止 오정근 1.여동생이 뇌출혈 수술 후, 아내가 수시로 음식을 만들어 준 덕분에 기져다주되 동생부부가 기저환자여서 항상 비대면방식으로 전해주었고 , 빠른 회복소식을 들은 일
2. 외출을 삼가함으로써 아내 요청에 부응한 일 / Zoom 온라인 수업임에도 높은 만족 반응을 얻은 일 / 철학과 코칭을 연결한 강의를 대학원에 이어 코치협회에서도 개설하여 마친 일
3.책출간을 서두르지 않은 일
4. 규칙적 블로깅과 책 출간하기

**리나 이민지코치**

A082
보람된 순간들도 많았지만 아쉬운 시간들이 더 많이 떠오르는 것 같아요. 아쉬운 점이라면 올 초 계획했던 것보다 커리어적인 측면해서 더 적극적으로 도전하지 못했던 점이네요. 내년은 올해의 배움을 바탕으로 '최선을 다했다' 한마디를 남기는 2021년이 되었으면 좋겠습니다:)

12월 23일 오후 8:24 2

**터프여걸 장윤정** 하반기 첫날~ 행복을 느끼며

1. 아들이 유치원을 못가다가 다시 간날 ( 6월부터)
2. 아들과 시간을 많이 보냈습니다
경제적인 여유를 있게 해주어서 아들을 잘 키울수 있어 감사합니다
일이 있어 감사했습니다.

3. 코로나로 수업을 못하거나 일을 못하여 아쉬웠습니다.

12월 23일 오후 8:25 2

랜선코칭클럽 참가자들의 생생 댓글을 참고하세요!

**浩然 한민수 코치** 호연지기빛을 당신에게 비춥니다^^
올 한해 보람된 순간순간은 9월1일부터 시작한 랜선코칭클럽에서 28명의 귀하신 분들과 함께 거의 매일매일 함께한 순간입니다.

올 한해 코로나19로 어려울 때, 코로나19 극복을 위한 심리코칭서비스를 개시하여 29명의 코치님들과 함께 의기투합하여 29명의 심리코칭대상자에게 43회 코칭서비스를 제공한 것이네요. 안주하지 않고 작은 베품을 실천할 수 있어서 감사합니다. 멘토코치님의 소통에도 깊이 감사드립니다.

올해 너무 아쉬운 점은 가치관의 차이로 인해서 작별인사를 한 것입니다. 3년을 섬겼는데 이해의 폭을 줄이지 못했던 것이 몹시 아쉽네요.

기회가 주어진다면 내년엔 법인을 만들어서 심리코칭서비스가 필요한 대상자들을 찾고, 코치님들을 동력화해서 대한민국에 웃음꽃, 행복꽃, 사랑꽃을 널리 전파하고 싶습니다.

내일 랜선코칭클럽 책출간을 위해서 **아하_한혜정코치** 님과 출판사 사장님과 미팅하기로 했습니다. 무엇보다 빛나는 책으로 출판되어 딱! 10,000명에게 손에 쥐어지고 매일매일 용기와 사랑을 전하는 책이 되었으면 좋겠습니다.

자연스러운 흐름가운데 귀하신 분들을 만나게 되고 소통하며 행복을 나눌 수 있어서 참 감사했습니다. 내년에도 정말정말 잘잘 부탁드립니다^^ 벌써 성탄 이브네요~

12월 23일 오전 11:50 3

**상선약수 김혜영**
**호연 한민수 코치** 멋지십니다! 랜선 코칭을 펼쳐 주셔서 감사합니다!

12월 23일 오후 9:58

# Q
# 083

# 당신이 경험한 성탄절의 추억할 만한 재미난 에피소드는 무엇인가요? 성탄절은 산타로부터 선물을 받는 게 익숙하지만 반대로 선물을 준다면 주고 싶은 감사한 사람에게 어떤 선물을 드리고 싶은가요?

**A083**

**A083**

**A083**

# 랜선코칭클럽 #083

**힐러 조미선**
A083.
1. 작년까지는 아이가 잠이 들면 꾸며놓은 트리 아래 선물과 카드를 놓아두고 산타가 나오는 어플로 아이 자는 모습을 찍어서 아이가 깨었을 때 산타가 다녀가실 때 인증샷 남겨두셨다고 보여주면 정말 기뻐했어요. 올해는 어린이집에 선물과 카드를 미리 보내느라 생략하게되어 조금 아쉽네요. 얼마전에는 아이가 유튜브에서 중학생 언니들이 선물은 엄마나 아빠가 사주신거라고 하는걸 봤는데 맞냐고 물어서 아니라고 답하느라 진땀을 뺐답니다.😄

2. 저희집은 선물을 주고 받는 문화가 아니라 성탄절은 그냥 넘어갔는데 질문을 읽고 요새 많이 힘들어하는 남편에게 맛있는 걸 만들어주고 위로해줘야겠다는 생각이 듭니다. 질문 감사합니다.🤗

**知止 오정근** 마음부자로 행복하세요^^
1) 아내와 함께 부피가 있는 X-마스 선물을 사가지고 와서 산타 선물을 아이들 셋이 모르게 하려고 숨기느라 애썼던 기억이 납니다. 아이들이 산타 존재를 믿게 하려고 둘러대던 말도 생각나고요. 좋은 추억입니다.
2) 존재만으로 감사한 손주들에게 장난감과 인형을 산타 선물로 주고 싶네요.
12월 24일 오후 7:30 😍👍2

**소원 권세연**
知止 오정근 ㅎㅎ
저도 애들 몰래 선물 숨기고 있어요ㅎㅎ

교수님 메리크리스마스 ♡
교수님 덕분에 감사한 한해 였어요
감사합니다 ♡
12월 24일 오후 7:47

랜선코칭클럽 참가자들의 생생 댓글을 참고하세요!

**김튜터 김주영**

(1) 20살이 되기 며칠 전 19살 크리스마스 때 친구들과 서울로 놀러갔던 기억이 새록새록 떠오릅니다. 지리도 잘 모르고 스마트폰도 없어서 검색도 못하고 물어물어 다니면서 이것저것 하고 찜질방 찾는다고 그 추운 밤에 신당동 근처에서 한시간 넘게 떨면서 찾아다니기도 하고 놀러가서 고생만 했던 것 같은데 그래서 그런지 기억에 오래 남아있네요^^

(2) 저는 향기를 선물하고 싶습니다. 그래서 이번에 디퓨저 만드는 재료들을 사서 주변에 선물하고 있는데, 2020년이 코로나로 얼룩져있지만 그럼에도 불구하고 좋은 향과 함께 좋은 기억으로 남을 수 있었으면 좋겠어요! 저두 제가 만든거 인증!! ㅎ 향기가 우리 랜선코치님들께도 전해지길 바랍니다!!

12월 24일 오후 12:15 5

# Q
# 084

## 당신에게 기쁜 소식은 무엇인가요? 과거, 현재, 미래 세 가지로 나누어서 적어보세요.

A084

A084

A084

# 랜선코칭클럽 #084

**힐러 조미선**
A084.
1. 과거 : 결혼과 임신, 각종 시험 합격
2. 현재 : 행복한 삶이 무엇인지 알아가는 것, 내려놓고 잠시 쉬며 하고 싶은 일을 하면서 가족들과 시간을 보내는 지금.
3. 미래 : 세상과 사람을 바라보는 눈이 넓어지는 것, 경제적으로 자유로워 지는 것.

**知止 오정근** 마음부자로 행복하세요^^
- 과거: 캐나다 이민 시험에 통과한지 5년만에 아이들 먼저 이민정착하도록 돕고, 퇴직 이후 이민생활 2년을 마치고 귀국하여 현재의 커리어로 진입했던 일
- 현재:: 겸임교수로서 활동하면서 매 학기 학생들로부터 감동어린 반응의 피드백을 듣는 일
- 미래:: 한 분야의 지식전문가로서 인정받고 인문코칭학당을 운영할 것을 상상하면 기분이 좋습니다.

12월 25일 오후 9:43 2

**浩然 한민수 코치** 호연지기빛을 당신에게 비춥니다^^
**知止 오정근** 대단하십니다~ 인문코칭학당 학생으로 지원하겠습니다^^;;

**김미영간사^^(예/은)**
- 과거: 좋은부모님 아래서 자란것
- 현재: 아이들을 주신 것
- 미래: 내가 아직도 하고싶은게 있는 것

12월 25일 오후 9:49 2

**浩然 한민수 코치** 호연지기빛을 당신에게 비춥니다^^
**김미영간사^^(예/은)** 앞으로도 많은 것을 이루시겠네요^^

랜선코칭클럽 참가자들의 생생 댓글을 참고하세요!

**바람코치 신은희**
과거: 임신, 수상, 석사논문통과, 공저출판
현재: 콘텐츠 개발 협업, 코칭퀘스천, 우리아이들
미래: 제주살기, 코로나종식, 내책출판

**긍정해바라기_서희승** 진정성+평정심
A084.과거:아이탄생과 그아이가 원하는 대학에 들어갔을때,
현재:삶이 늘 새롭게 알아차림되어 감사함을 느낄수있음과
오늘 시부모님 결혼기념일에 축하드리고 왔는데 맘이 너무
기쁩니다^^
미래:어제 커피를 많이 마셔 밤을 지새우면서 새벽에 사랑의
의미를 되새기며 사랑하고 사랑할수 있는 마음을 주셨습니다.
앞으로 사랑하고 더 사랑하는 삶을 실천하려합니다♡

**옹달샘(Spring)_이홍원** that gives you a new hope in y...
A084
과거-결혼과 아들 딸 낳아 행복 가득한 가정을 이룬것
현재-기쁜 성탄절 이사한 집에 어머니를 모시고 가족함께
따뜻한 점심을 하며 보내는 이 시간이 더욱 기쁩니다
미래-코칭의 생활화를 통해 주위 사람들의 성장과 변화를
이끌어 가는 삶

**아하_한혜정코치**
A084.
과거: 생명잉태의 기쁨. 제2의 삶을 시작함
현재: 일상의 소중함으로 경계를 잘 지키는것. 코로나이지만
올해의 성탄절도
미래: 소망의 날이 올꺼니까 기쁘네요.

# Q
# 085

## 지금까지 당신이 가장 포용 받았던 순간은 언제인가요? 그로 인해 무엇이 변화되었나요?

A085

A085

A085

# 랜선코칭클럽 #085

**김튜터 김주영**
올해는 랜선코칭에서 많은 포용과 격려와 지지를 받은 것 같습니다! 사실 알게 모르게 많은 포용과 사랑을 받았을텐데 최근을 떠올려보니 역시 랜선코칭이네요! ㅎ 이자리에 코칭프렌즈 자격으로 흔쾌히 초대해주신 한민수코치님부터 다양한 질문, 댓글로 의식수준을 넓혀가면서 마치 이전부터 알았던 사람처럼 포용하며 반갑게 댓글을 남겨주시는 코치님들께 많은 것을 배우고, 저 또한 여기 계신 코치님들처럼 넓은 포용력을 가질수 있도록 노력해봐야겠습니다 ㅎ

**멍석 연영주** 맘껏 드러낼 수 있도록 멍석을 깔아드리는 코치입...
A085
1) 가장 포용 받았던 순간은,
코치님들과 두 만남이 기억에 남네요..
첫번째는 한국코치협회 역량강화위원회에서의 첫만남이 기억에 남고,
두번째는 랜선코칭클럽 첫 오프라인 만남이 기억에 남습니다.
낯선자리에 익숙치않은 성격으로 굉장히 낯설었지만 따뜻하게 포용해주셔서 오래전 친구만나듯 편했습니다.
역시, 코치님과의 만남은 유익하다는것을 느꼈습니다.

2) 저도 낯선사람을 따뜻하게 포용해줄수 있는 포용력이 생긴거같네요^^

12월 28일 오후 12:46 6

**나조아 이문희**
멍석 연영주 아, 그런 일이 있으셨군요^^ 다음에 멍석님을 뵙게 되면 저도 활짝 웃으며 인사드릴게요.. 저는 "맘껏 드러낼 수 있도록 멍석을 깔아드리는 코치"라는 문구를 처음 보았을 때, '대체 이 분의 깊이와 넓이는 어디까지일까..' 하며 멍석님의 포용 가득한 문구에 감동 받은 기억이 아직도 생생합니다.

랜선코칭클럽 참가자들의 생생 댓글을 참고하세요!

**나조아 이문희**

A085.

1. 많은 사건 중 가장 먼저 떠오른 것은.. 지난 여름 정말 바쁜 중에 짤막한 원고 작성을 의뢰받은 일이었습니다. 동문회 소식지 기고여서, 사실 꼭 제가 아니어도 되는 일이었고 바쁘기도 하여 부탁해온 친구에게 미안함을 담아 "못 하겠다"는 답변을 했더랍니다. 그런데 그 친구에게서 돌아온 답변이
'살다 보면 그렇게 바쁠 때가 있더라.. 이거 먹고 힘내서 바쁜 일 잘 해내렴' 이라는 격려와 함께 푸짐한 간식 쿠폰을 보내준 것이었어요. 그것이 크든 작든, 자신의 부탁을 거절한 사람에게 이렇게 물질과 마음을 함께 쓰며 격려해주는 그 친구의 포용에 큰 배움을 얻었습니다.

2. 그 후론 섭섭해지려는 순간마다 그 일이 떠오르며, 오히려 상대를 더 풍성히 격려하고 위로하는 것에 다가서는 것 같구요.. 이런 저런 일들에 지갑을 이전보다 많이 열게 되네요 ㅎㅎ 이거 좋은 변화인 거 맞죠? ^^

**상선약수 김혜영**

A085

전 제블러그에 오셔서 가끔 조언과 격려를 해 주셨던
고전지기님의 글로 인해서
이해 받은 기쁨이 있었습니다!

그분의 편지를 통해서 제게 가르침을 주셨는데...고전을 천권 이상 읽으신 학자이신데..무지의 지를 말씀 하시며 저를 깨우쳐 주시니 올 해 하나님이 보내신 선물이 아닐까 싶습니다!

나의 글을 유심히 읽고 답을 통해서 깨닫게 하셨습니다!
말하지 못한 나의 내면을 위로 해 주셔서 감사했습니다!

알아차리고 받아들여서 날마다 더 큰나로 나아가는 삶이 되길 바라며...

# Q
# 086

## 당신이 가진
## 사과 한 쪽을 내밀고 싶은
## 사람은 누구인가요?
## 그분에게 사과하고 싶은 말은
## 무엇인가요?

A086

A086

A086

## 랜선코칭클럽 #086

**힘찬 안순봉**
가족들에게 사과하고 싶습니다. 아내와 딸들, 아들에게 조금더 포용적이고 한 '인간'으로, 개별의 존재로 대해 주지 못해서 미안합니다. 가족을 대할 때 자꾸 제 자아와 욕심이 올라와요. 내년에는 잘 해 볼께요. 20년째 다짐하고 있습니다. ㅋㅋ

**멍석 연영주** 맘껏 드러낼 수 있도록 멍석을 깔아드리는 코치입...
A086 오늘 질문을 통해 나로 인해 상처 받았던 사람을 떠올려봅니다. 항상 감사함과 미안함이 교차하는 아내에게 사과를 건네주고 싶습니다.

**상선약수 김혜영**
A086
사과할 사람을 찾아 보았습니다.. 칠년전 돌아가신 아버지가 떠올랐습니다. 제가 아버지를 무서워도 하고 미워도 했습니다...지금 하늘 나라에서 편안하시길 기도합니다..미워했던 마음을 용서를 구합니다..

십삼년을 아프다가 가신 아버지께 사랑한다고 전하고 싶습니다..아이들에게 알게 모르게 상처 준 일들이 있다면 사과를 하고 싶습니다!(가끔씩 사과를 합니다..성령께서 찔림을 주실때)
12월 29일 오전 9:32 1

**옹달샘(Spring)_이홍원** that gives you a new hope...
**상선약수 김혜영** 언제까지나 함께 계실 것 같았는데 떠나시고 나면 사랑한다는 말과 표현을 못 했음이 아쉬움으로 남습니다. 사랑에 사랑을 더하는 시간~ 하늘에서 그 사랑을 받으시고 환하게 미소 지으실 거예요.

랜선코칭클럽 참가자들의 생생 댓글을 참고하세요!

**바람코치 신은희**

A086. JW, 사실 그대도 녹록치 않았을텐데 함께해줘서 고마웠어. 나도 퉁명스러웠으면서 그대에게만 고운말을 요구했던점 사과할게. 내가 먼저 잘할게^^

**옹달샘(Spring)_이홍원** that gives you a new hope in y...

A086 늦 가을에서 겨울이 오면 부사 사과를 세 박스 채 구입하여 장모님. 어머니 그리고 우리 가족이 먹었었는데 올해는 그러지 못하고 넘어갔네요.

사과를 전달 하고 싶은 사람은 늘 가까이 있는 F과 C들 입니다 .
가까이서 오랜 시간을 함께 지내다 보니 본의 아니게 말과 행동으로 상처를 주었 기에 미안함을 전합니다.
잘 하고 싶은 마음에 내가 너무 급하게 몰아 가는 것 같다는 생각이 드네요. 조금은 여유를 가지고 기다려 볼께요

12월 29일 오후 2:43 😍 1

**浩然 한민수 코치** 호연지기빛을 당신에게 비춥니다^^

옹달샘(Spring)_이홍원 가을의 결실 🍎 "사과" 🍏를 다함께 나누어드셨네요. 올해 귤농사가 잘되어서 달고 맛있더라구요^^* 그리고 여유의 🍎 "사과" 🍏를 나누고 계심에 크게 응원드립니다 ♡

**리나 이민지코치**

A086
T에게 사과 한쪽을 내밀고 싶어요.
늘 나를 챙겨주고 배려해주는데 난 그러지못하는 것 같아서 미안~ 내년엔 따뜻한 마음과 말로 함께하도록 노력할게♡

# Q
# 087

## 혼자 하는 것보다 둘이 하면 시너지효과가 큽니다. 지금까지 둘 이상 모여서 시너지효과를 경험한 것을 마음껏 기록해 주세요.

*그 가운데 포용하기 어려웠던 것이 있었다면, 쉿! 살짝 나누어주세요. 아마 배움의 성찰이 있지 않았을까요?

A087

A087

A087

# 랜선코칭클럽 #087

Annie_유지은
A087. 여러 상황들 중에서 이전 직장에서의 경험이
생각납니다.
조직 특성상, 행사나 혼자 감당하기 어려운 일은 품앗이 하듯
기꺼이 서로 협력했었어요.
내 일은 아니지만 댓가를 바라지 않고, 야근, 외근, 주말출근을
하게 되더라도 불평하지 않고 함께 웃으며 일했던 멤버들, 인턴
기간이 끝났음에도 몇 년이고 자발적으로 참여해 준 친구들
덕분에 힘든 줄 모르고 즐겁게 다들 일했던 기억이 납니다.
퇴사하던 해는 조직 분위기가 많이 안 좋았는데 기꺼이 함께한
직원들 덕분에 모두들 맡은 일을 잘 해낼 수 있었어요.

물론 자신의 권리를 더욱 주장하고 불평하고 따지기를
좋아하던 직원들도 있었어요. 조직의 분위기를 더 어렵게
만들고 자신들이 주장하는 것에 비해 참여도도 떨어졌죠.
그때는 사사건건 불평하고 비협조적인 직원들 때문에
아침마다 그들을 미워하지 않고 에너지 뺏기지 않도록 도움을
간구하며 출근했었는데ㅎㅎ 지금 생각하니 그럼에도 그들이
할 수 있는 한 최선을 다해 참여해 준 것이 고맙다는 생각이
드네요.
그리고 더욱 감사했던 것은, 후자보다도 전자에 속하는
직원들이 좀 더 많았다는 것입니다. 그래서 전체적으로
시너지를 내며 맡은 모든 것들을 잘 마무리할 수 있었던 거
같네요.

12월 30일 오후 8:44 2

멍석 연영주 맘껏 드러낼 수 있도록 멍석을 깔아드리는...
Annie_유지은
어느곳에서나 후자같은 분들이 계시기에 전자분들이
더욱 빛나는거 같아요^^
그래도 좋은추억으로 간직하시는 따뜻한 마음이
느껴지네요^^

12월 30일 오후 9:58

랜선코칭클럽 참가자들의 생생 댓글을 참고하세요!

**힐러 조미선**
A087.
한가지 목표를 두고 단시간안에 방대한 양의 일을 처리해야 할 때 구성원의 장점에 맞춰 분담하면 혼자 일처리 할 때보다 시너지 효과가 커서 성과가 좋더라구요. 팀워크가 좋으면 더 큰 시너지효과가 나겠지요.
그리고,
랜선코칭클럽을 비롯한 온라인모임에서 다른 분들의 생각에 공감하고 위로 받으며 '함께 하는 힘'을 느끼고 있습니다.
코로나19를 겪는 힘든 시기에 좋은 모임에 초대해주셔서 감사합니다.
12월 30일 오전 10:26 6

**멍석 연영주** 맘껏 드러낼 수 있도록 멍석을 깔아드리는...
**힐러 조미선**
협력의 큰 성과를 경험하셨군요~ ㅎ
앞으로도 좋은 팀워크 기원드립니다^^

**긍정해바라기_서희승** 진정성+평정심
A087.저도 랜선코칭클럽인거 같아요 100일동안의 질문과 답을 혼자했으면 가능했을까....라는 물음에 혼자서는 못했을거에요^^함께여서 할 수 있었던것 같습니다. 트랜드 키워드 상생이라 내년도에 저도 함께 시너지를 낼수있는 모임한번 추진하려고 마음만 먹고있네요 ㅎㅎ 실행하기는 참 어렵습니다...^^
12월 30일 오후 1:22 5

**멍석 연영주** 맘껏 드러낼 수 있도록 멍석을 깔아드리는...
**긍정해바라기_서희승**
오~~~ 내년에 추진하시는 모임 현실화 되시길 응원드립니다.^^
12월 30일 오후 1:43

# Q
# 088

## '내 마음의 제야의 종소리' 타종이 울립니다.

### 첫 번째 Sing-
### 두 번째 Sing-
### 세 번째 Sing-

## 종소리에 담긴 내 마음의 울림은 무엇인가요?

A088

A088

A088

# 랜선코칭클럽 #088

**浩然 한민수 코치** 호연지기빛을 당신에게 비춥니다^^
A088
첫 번째 씽~은 올 한해동안 참 수고했다. 참 수고많았다.
고생많았지~ 의 울림입니다~

두 번째 씽~은 항상 최선을 다하는 너의 모습이 얼마나
자랑스러운지~ 조금 부족해도 괜찮아~ 내가 창조한 그 모습
그대로 살아가는 모습 항상 지켜보고 있단다.

세 번째 씽~은 이제 정말 씽씽~ 힘차게 나아가야지~
든든하게 탄탄하게 코칭프렌즈, 코칭패밀리, 그리고 Home,
그리고 또 만들어갈 아름다운 세상~ 언제나 너와 함께 할께♡
12월 31일 오후 12:24 3

**상선약수 김혜영**
**호연 한민수 코치** 아름다운 세상을 만들어가는 코치님
화이팅입니다!

**옹달샘(Spring)_이흥원** that gives you a new hope in y...
오늘 보다 나은 내일을 만들어가는 2021년을 살아갈 것을
다짐하는 시간

1. Sing ~~ 모두들 2020년 잘 마무리 하고 2021년은 일상에
감사함이 넘치는 축복 가득한 한 해 되길~♡

2. Sing~~ 마음에 기쁨과 평온이 가득하고 인색하지 말고
선을 즐거이 베푸는 사람이 되라

3.Sing~~ 어느 곳에 있든지 어떤 일을 하던지 그곳이
보내심을 받은 곳이니 즐거이 행하며 희망을 만드는 사람이
되라

12월 31일 오전 8:19 4

랜선코칭클럽 참가자들의 생생 댓글을 참고하세요!

**멍석 연영주** 맘껏 드러낼 수 있도록 멍석을 깔아드리는 코치입...
A088.
첫번째sing은 20년을 아름다운 추억으로!
두번째sing은 21년에 대한 희망으로
세번째sing은 21년은 내가 주인공으로!

**상선약수 김혜영**
A088
첫번째 sing 만남의 축복이 가득한 한 해 감사하며 내년에도 좋은 분들과 더 친밀한 관계가 되길 소망!

두번째sing 말씀과 기도로 내안에 반석으로 든든히 세워지고 사랑이 충만하길 소망합니다!

세번째 sing 신축년은 코로나가 사라지고 자유롭게 다닐 수 있길 바랍니다! 해외여행도 갈 수 있길..

12월 31일 오후 12:27 4

**옹달샘(Spring)_이흥원** that gives you a new hope...
**상선약수 김혜영** 감사와 위에서 부어주시는 사랑과 축복 속에 21년 가을 에는 해외여행도 갈 수 있기를 함께 소망합니다

**카르페디엠 노태성**
A088
첫번째 sing은 20년을 돌아보며 감사한 마음이 가득합니다~~
두번째 sing은 지금 오늘의 이순간 미안한 마음이 가득하고요~~~
세번째 sing은 21년을 기대하며 새로운 마음으로 시작해야겠습니다!!!!!

# Q
# 089

## 무엇이든 당신이 시작하는
## 첫 마음은 어떤가요?
## 첫 마음에 불어넣고 싶은
## 에너지는 무엇인가요?
## 그 에너지로 무엇을 해보고
## 싶으세요?

A089

A089

A089

# 랜선코칭클럽 #089

**소원 권세연**
A089.흔들림없이 정진하는 마음.
마음이 요동칠때가 많은데
동요하지 않고 kpc취득하고 아이들 잘 키우며 대학원
졸업하고 싶습니다

**리나 이민지코치**
A089.
새해 첫 마음에 "생동'의 에너지를 불어넣고 싶습니다.
그 생동의 에너지로 올 한해
두려움없이 도전하고
진심으로 정성을 다하고
묵묵히 지속하고 싶습니다.
2021년 홧팅입니다😀
1월 1일 오후 4:19 2

**浩然 한민수 코치** 호연지기빛을 당신에게 비춥니다^^
**리나 이민지코치** 와우!! 생동의 에너지, 리나 이민지
코치님은 생동의 에너지입니다^^ 가끔 생동의 에너지가
부족하면, 랜선에 오셔서 충전해 가셔요~~~*

**바람코치 신은희**
A089. 지금 있는 그대로 만족하는 '안분지족'의 마음을 새기고
싶습니다. 그간 너무 아등바등 살았어요. 새로운거에 미쳐가며
득달같이 달려들어갔지요. 이제는 새로움보단 있는걸 더
돈독히 지키며 더 깊이 뿌리내리고 싶습니다.
1월 1일 오후 5:58 3

**浩然 한민수 코치** 호연지기빛을 당신에게 비춥니다^^
**바람코치 신은희** 돈독함너무 좋네요^^ 깊이 깊이
뿌리내는 모습이 벌써부터 보입니다^^

랜선코칭클럽 참가자들의 생생 댓글을 참고하세요!

**힐러 조미선**
A089.
새해 첫 날 불어넣고 싶은 에너지는 '굳건함'의 에너지입니다.
한꺼번에 여러가지를 새롭게 하기보다는 계획한 몇 가지
일들을 불가항적 환경이나 위기에 흔들림없는 자세로 2021년
마지막날까지 소처럼 우직하게 헤쳐나가고 싶습니다.

**知止 오정근** 마음부자로 행복하세요^^
새해 첫마음은 2021년 연말이 어떤 모습이면 만족할지
생각해보며 시작합니다. 그 마음은 안정감입니다.
그 마음에 불어넣고 싶은 에너지는 사랑입니다.
오늘 할 일은 홀로 계신 어머니를 찾아 뵙고 기분 좋은
감정상태에 머무시는지 계속 살피며 어머니의 사랑을 받을
겁니다. 그러면 어머니도 새해를 안심하시고 출발하실 것
같습니다.

**숲향—정혜연**
A089
1.나를 더 깊이 알고 그분을 알고 살아감을 알아가려는 조금은
담담하게
2.고요의 에너지를 불어넣어서 삶을 평안으로
3.더 사랑하고싶어요
1월 2일 오전 5:29 1

**상선약수 김혜영**
숲향—정혜연 응원합니다! 꼭 그렇게 되실거예요~~^^

# Q
# 090

## 당신이 온 마음을 담아 행동했을 때는 언제인가요? 그 마음으로 앞으로 무엇을 해보고 싶으세요?

A090

A090

A090

# 랜선코칭클럽 #090

**바람코치 신은희**

A090. 저는 매순간 모든일에 온맘과 온정성을 다 쏟습니다. 늘 헌신하는 캐릭터지요. 다만 소진도 빨리됐습니다.
그래서 앞으론 이 온맘을 다해 제 건강관리에 신경쓰고 싶습니다. 늘 남을 먼저 신경쓰고 남에게 더 맞춰주는데 온맘을 다했다면 이젠 자기자신을 먼저 돌보고 가족도 돌보고 내실을 다져보겠습니다.

1월 4일 오전 8:12 7

1개의 답글 더보기

**소원 권세연**

바람코치 신은희 코치님의 답글을 보면서 항상 느끼는 것은 제가 가고 싶은 길은 한걸음 앞서 가시는 것 같다는 것 이였어요.. 한번도 뵌적 없지만 모든 일을 열정적으로 하시는 모습이 상상이 됩니다♡
올해는 코치님을 열정적으로 챙기시는 한해 되시기를 응원할게요
혹시라도 제 도움이 필요하다면 언제든 노크해주시면 동참할게요♡

**카르페디엠 노태성**

A090 저는 저에게 맡겨지는 일이 있다면 할 수 있는 한에서는 최선을 다하는 편입니다 지금까지 온 마음을 다한 행동을 고르자니 어려운 것 같고 올 한해는 그 어느때보다 가족과 함께 하는 시간을 많이 가지고 표현을 많이 해보겠다고 다짐을 해봅니다!!!!

1월 4일 오전 8:57 4

**소원 권세연**

**카르페디엠 노태성** 저도 올해는 가족들에게 더 열심히 표현해보아야겠어요♡♡ 같이 화이팅해보아용!!^^

1월 4일 오후 5:28

랜선코칭클럽 참가자들의 생생 댓글을 참고하세요!

**상선약수 김혜영**
A090
작년에 시작한 백일 글쓰기를 새벽시간마다 두세 시간 집중해서 하는 중입니다! 67일차인데 백일까지 완성하고선 주제를 갖고 글을 쓰고 싶습니다!

온마음을 다해 몰입의 기쁨을 누리는 새벽시간이 참 소중하고 좋습니다!

좋은 시와 질문 감사합니다!

1월 4일 오전 7:51 7

2개의 답글 더보기

**상선약수 김혜영**
소원 권세연 응원 해 주셔서 고맙습니다! 글쓰기가 수련이다 생각하면서 하고 있습니다. 글을 쓰려니 용기가 필요하네요^^

**나조아 이문희**
A090
저는 강의를 할 때, 코칭을 할 때, 멘토링을 할 때마다 정말 온 마음을 다합니다. 제 안에 훌륭한 것, 대단한 것이 없음을 잘 알기에 저보다 크신 분의 도움을 구하며, 제가 할 수 있는 최선을 다하기 위해 온 마음을 다 쏟습니다.

오늘도, 이후로도 그 마음으로 누군가를 세우고 채우는 일을 잘 감당하고 싶습니다! 🙏

1월 4일 오전 7:57 6

**상선약수 김혜영**
나조아 이문희 멋지세요~~^^온마음 다해서 하시는 코칭을 저도 받아보고 싶습니다!

# 지금 이 순간, 리듬 타기

Q091–Q100

# Q
# 091

## 당신이 기대하는 것은 무엇인가요? 당신이 당신에게 간절히 바라는 소망은 무엇인가요?

A091

A091

A091

# 랜선코칭클럽 #091

**나조아 이문희**
A091.
1. 내가 기대하는 일
   - 삶의 태도를 바로잡아주는 통독 2회
   - 코칭에 도움이 되는 Certificate 2개
   - 남편 생일선물로 들려줄 우아한 피아노곡 2개
   - 점점 연로해지시는 부모님과 계절마다 나들이

2. 나에게 간절히 바라는 소망... 오늘 하루를 보람차게 살아가고, 호기심과 기대함으로 내일을 꿈꾸며 잠자리에 들고, 전 날의 기대감을 그대로 유지하며 아침 6시에 가뿐하게 눈을 뜨는 몸 튼튼, 맘 튼튼을 소망합니다.

**소원 권세연**
1.상반기에 책출간하기
하반기에 대학원 졸업하기
아이둘.신랑과 매주 가족회의
월 1회이상 여행 꾸준히하기

2.조급해 하지 않기.
지치지 않기.
나를 믿기.
1월 5일 오전 8:15 5

**힐러 조미선**
**소원 권세연** 소원님 책 정말 기대돼요! +.+ 가족회의 응원합니다. 나를 믿기 폭풍공감! 파이팅!
1월 5일 오전 10:38 1

랜선코칭클럽 참가자들의 생생 댓글을 참고하세요!

**카르페디엠 노태성**
1. 내면적으로는 개인 성찰의 기회를 가지는 한해,
외형적으로는 태초의 몸으로 돌아가기(다이어트),
학업적으로는 자격증 취득을 위한 노력을 하고자 합니다~~^^

2. 소처럼 우직하게~~~
좌고우면하지 않고 나만의 페이스대로 살아갈 수 있는 내면의 근육이 생길 수 있길!!!
1월 5일 오전 8:12 4

**상선약수 김혜영**
**카르페디엠 노태성** 내면의 강건함과 외적으로도 이루고자 하시는 모든게 이루는 한 해 되시길 응원합니다!

**긍정해바라기_서희승** 진정성+평정심
A091.1. 가족들 모두 건강하고 자신의 일 열심히 잘하고 더 많이 웃기, 일적으로 컨텐츠개발 성공적으로 론칭하기, 1월말 **원장님 만나 제안하는 거 꼭 컴펌받기
2.여유를 가지데 게으르지 않고 계속 묵묵히 갈수 있는 열정 꽃피우기 입니다^^
1월 5일 오전 10:37 3

**힘찬 안순봉**
a091 1.가족들이 모두 건강하게 각자가 원하는 바를 얻었으면 합니다. 건강이 최고입니다.
2. 하루 하루를 마치고 오늘 열심히 열정적으로 잘 살았다고 축하해 줄 수 있는 '그 하루'를 쌓아가고 싶습니다.
1월 5일 오후 1:10 3

Q

092

# 당신에게 따뜻한 사랑은 어떤 모습인가요? 오늘 사랑으로 할 수 있는 것은 무엇인가요? 그로 인해 당신의 삶에 어떤 영향을 미칠까요?

**A092**

**A092**

**A092**

# 랜선코칭클럽 #092

**知止 오정근** 마음부자로 행복하세요^^
1.저에게 사랑이란 동물이건 식물이건 대상을 살아나게 하는 것입니다.
2.사랑으로 할 수 있는 일은 우선 말로써 온기를 불어넣는 일입니다. 판단하면 사랑할 수 없다고 하듯이 있는 그대로 받아들이려 합니다. 상대(아내)가 좋아하는 것이 좋으니 하고, 싫어하는 것을 피하여 상대 감정이 다치지 않도록 하는 존중하는 것입니다.
3.그러면 평천하가 이루어지겠습니다.

**상선약수 김혜영**
A092
1. 게리 체프먼의 사랑의 5가지 언어중에 난 인정 해 주고 이해 해줄때 따뜻한 사랑을 느낍니다!

2. 사람마다 그 사랑의 언어가 무언지 잘 파악해서 줄 수 있으면 좋겠습니다!
봉사, 선물, 인정,시간, 접촉!
영적분별력으로~~꼭 필요한걸 전하고 싶습니다!

3. 그 일로 기뻐할 상대를 보면서 나도 함께 행복하겠지요^^

**浩然 한민수 코치** 호연지기빛을 당신에게 비춥니다^^
A092. 아침 라디오에서 '사랑의 언어'에 대해서 이야기하네요^^ 저에게 따뜻한 사랑은 '사랑의 언어'입니다. 따뜻한 말 뿐만 아니라, 눈빛, 태도, 섬기는 마음 등 입니다. 저 또한 사랑의 언어로 임해야겠네요. 사랑의 언어로 할 수 있는 것은 마음으로 경청하고, 눈으로 들으며, 행동으로 실천하는 것입니다. 상대방의 마음을 눈과 귀와 마음으로 듣겠습니다. 이로 인해 더욱 아름답고 풍성한 삶이 펼쳐지겠네요^^

랜선코칭클럽 참가자들의 생생 댓글을 참고하세요!

**나조아 이문희**
A092. 요즘 계속 사랑에 대한 Challenge가 많네요, 제가 더 깊어질 때인가 봅니다. ^^

1) 사랑할만한 사람을 사랑하는 것은 참 사랑이 아니라고 배우게 된 오늘의 제 답변은.. 상황이 안 좋을 때에도 설명, 해명, 변명, 그 어떤 것도 필요없는 온전한 수용, 혹은 나에게 호의적이지 않은 대상에 대해서도 마음 다해 그를 존중하고 인정하고 소중히 여겨주는 것!
2) 나를 힘들게 하고 있는 A에게 "깜짝 새해 선물"을 해보렵니다
3) 이것은 나를 더 큰 사랑의 사람으로 확장시켜주는 작은 불씨가 될 것입니다. ❤

1월 6일 오전 8:02 6

**옹달샘(Spring)_이홍원** that gives you a new hope...
**나조아 이문희** 사랑의 확장~~사랑은 사랑을 낳습니다♡

**카르페디엠 노태성**
A092
1. 사랑의 종류가 많지만 질문을 받자마자 바로 떠오른 것은 부모님의 사랑입니다~ 늘 제편이 되어주시고, 지켜봐주시고, 경상도분이다보니 특별하게 표현이 많이 많지 않고 서투시지만, 그안에 모든 것이 포함이 되어 있는~~
2. 그런 부모님을 닮아 저도 표현하는 것이 많이 어려운 사람인데..... 오늘은 아내와 아들 그리고 부모님께 "사랑한다"고 표현을 해주고 싶습니다
3. 2021년이 좀 더 사랑이 가득하고 따뜻한 한해가 될 것으로 기대해봅니다~~~~

1월 6일 오전 8:10 5

**옹달샘(Spring)_이홍원** that gives you a new hope...
**카르페디엠 노태성** 사랑은 포옹합니다♡

# Q
# 093

# 마음을 건강하게 보내기 위한 자신만의 노하우 혹은 새롭게 적용하고 싶은 방법은 무엇인가요?

A093

A093

A093

# 랜선코칭클럽 #093

**숲향_정혜연**
A093
1. 아침에 묵상
2. 마음 들여다 보기
3. 건강을 위해서 약챙겨먹기
4. 몸의 건강도 유지하기 위해서 스트레칭하기
5, 나의 감정 바라보기

1월 7일 오전 8:29 2

**옹달샘(Spring)_이홍원** that gives you a new hope in y...
A093
-새 날을 맞이하는 첫 순간 하루를 위해 감사 기도하는 것.
-힘든 일이 생기면 마음이 힘들다고 인정하고 도움을 요청하기

오늘 하루 맑은 마음으로 건강하게 보내겠습니다♡

1월 7일 오전 9:03 4

**나조아 이문희**
**옹달샘(Spring)_이홍원** 맞아요!! 인정하는 것이 첫 단추인데, 그걸 종종 잊는 저를 옹달샘님 글 덕분에 다시 발견합니다! 감사합니다 😊

**소원 권세연**
A093.
1.좋은 책 많이 읽고 필사하기
2.책쓰기를 통한 나와 소통하기
3.같은 공감대를 가진 분들과 소통하기

1월 7일 오전 10:14 6

랜선코칭클럽 참가자들의 생생 댓글을 참고하세요!

**나조아 이문희**

A093. 몸 건강을 위해 잘 먹고, 잘 쉬고, 적당한 운동을 해야 하듯 맘 건강도 그렇게 해보렵니다^^
. 잘 먹기 - 좋은 글, Quotes, 영상 등으로 영양 듬뿍 섭취
. 잘 쉬기 - 아무 것도 안 하는 시간 정해 놓고 정말 쉬기
. 운동 하기 - 감사노트, 행복일기, 셀프피드백 & 피드포워드 하면서 마음에 식스팩 근육 만들기

**바람코치 신은희**

A093. 올해 제 키워드가 건강인만큼
마음건강을 위해...
1. 그림그리기
2. 글쓰기
3. 무리하지 않고 멈추기
4. 도움요청하기
5. 일찍 자기
6. 집정리하며 공간비우기를 하고 있어요.
요즘 작년보다 마이 평온합니다

# Q
# 094

## 코로나19 바이러스가
## 인류에게 끝없이 던지는
## 질문이 있습니다.
## 그것은 어떤 질문인가요?
## 질문으로 만들어보세요.

A094

A094

A094

# 랜선코칭클럽 #094

**긍정해바라기_서희승** 진정성+평정심

A094.2020년 코로나19 발생으로 당신에게 주는 교훈, 자각심은 무엇이였나요.. 앞으로 당신의 삶을 어떻게 살아가길 원하는가요?

1월 8일 오전 10:38 6

**상선약수 김혜영**

**긍정해바라기_서희승** 코로나로 더 많이 예배 드리고 회개와 기도를 했습니다..정직하고 사랑이 충만한 하나님 기뻐하는 자로 살고 싶습니다^^겸손과 거룩으로..

**浩然 한민수 코치** 호연지기빛을 당신에게 비춥니다^^

A094. 2020년 무엇보다 큰 기대가 많은 한해였다. 사업적으로도 준비와 시작이 잘 예비되어 있었다. 그러나 코로나가 모든 것을 멈추게 했다. (심지어 지인들에게서는 안따까운 소식도 들려왔다) 2020년 한해를 돌아보니 내 뜻대로 되는 게 아니더라, 욕심을 내려놓아야 되겠더라, 페북에서 보이는 글들은 다 부러운 글들, 이제는 부러할 할 힘도 없다. 우리는 일상을 살아낼 용기가 필요할 뿐이다. 그러기 위해서 앞으로 내려놓아야 할 욕심은 무엇인가요?

1월 8일 오후 12:05 3

**긍정해바라기_서희승** 진정성+평정심

**浩然 한민수 코치** 잘하려는마음,,,잡고싶은 마음을 내려놓고 자연의 순리에 순응하면서 한발짝 한발짝 나만의 스토리를 엮어나가겠습니다^^

1월 8일 오후 12:45

**浩然 한민수 코치** 호연지기빛을 당신에게 비춥니다^^

**긍정해바라기_서희승** 긍정해바라기의 스토리 기대됩니다^^

1월 8일 오후 1:55

랜선코칭클럽 참가자들의 생생 댓글을 참고하세요!

**멍석 연영주** 맘껏 드러낼 수 있도록 멍석을 깔아드리는 코치입...
A094. 코로나19 바이러스를 통해서 많은 변화를 겪으면서 나에게 긍정적인 영향을 준 건 어떤 부분인가요?
1월 8일 오전 7:02 6

—— 10개의 답글 더보기

**멍석 연영주** 맘껏 드러낼 수 있도록 멍석을 깔아드리는...
**카르페디엠 노태성**
오~~~ 굉장히 좋은일인데요~ 아기가 잔병이 없었다니 정말 좋으네요^^
앞으로도 건강하게 잘 성장하길 응원합니다.
1월 8일 오후 6:14

**知止 오정근** 마음부자로 행복하세요^^
멍석 연영주 말씀 감사합니다. 코치님들 대상이라 제가 에너지를 많이 받았습니다. 과찬에는 거품이 들어갔을 겁니다. ㅎㅎ

**상선약수 김혜영**
A094
코로나19로 인해 내 삶에 가장 큰 변화는 무엇이고 그 변화로 인해서 생긴 습관들은 어떤게 있는가요?

1월 8일 오전 7:44 7

—— 6개의 답글 더보기

**상선약수 김혜영**
知止 오정근 농사를 지으면서 새로운걸 배우시네요~~~
1월 8일 오후 3:28

# Q
# 095

지그 지글러는 "뛰어나고 훌륭하게 시작할 필요는 없다. 그러나 훌륭하기 위해서는 시작해야 한다"라고 하였습니다. 지금 이 순간 시작하고자 하는 것은 무엇인가요?

A095

A095

A095

# 랜선코칭클럽 #095

**소원 권세연**
A095.아이들과 분리된 삶 준비하기. 작년한해동안 아이들과 24시간가까이 붙어있었더니 아이들보다 제가 분리불안 증세가 나타나는 것 같아요 각자의 자리에서 최선을 다해보겠습니다 ♡
1월 11일 오전 9:10 2

**浩然 한민수 코치** 호연지기빛을 당신에게 비춥니다^^
**소원 권세연** 오~ 독립선언이 필요하네요. 상호 자립심도 높이고, 스스로 할 수 있는 성취감도 높이고^^

**긍정해바라기_서희승** 진정성+평정심
A095.1일1포스팅 하려고 마음은 먹었는데... 다시 매뉴얼부터 수정부터 하고 매일 똑같은 시간에 무조건 올린다라는 마음가짐을 가지고 실천해지라고 다짐해봅니다^^

**터프여걸 장윤정** 하반기 첫날~ 행복을 느끼며
1월부터 일을 많이 하고 싶습니다.~
힘들때마다 가족을 생각하면서요^^
올해도 작은 이벤트가 생겼으면 좋겠습니다.~ 그 중 처음은 같이 함께 하여 코칭 클럽 책이 나오는거겠죠?! ㅎㅎㅎ

**나조아 이문희**
A095. 새 해 계획 실천이 지난 한 주는 85% 수준이었네요. 모자라는 것이 운동이었습니다. 오늘부터 다시, 아침 먹기 전 플랭크, 점심 먹기 전 스쿼트를 해보겠습니다!
1월 11일 오전 10:38 2

랜선코칭클럽 참가자들의 생생 댓글을 참고하세요!

**숲향—정혜연**
A095
한 해가 새롭게 시작되었는데 여전히 새로움으로 들어가지 못했는데 다시 내 삶으로 떠오르기 위해서 계획들을 정리하고 통증에 머물러 있지말고 운동으로 새롭게 시작합니다^^ 나를 더 깊이 사랑하자 새롭게 떠오르는데요..한주 새롭게 시작감사합니다^6

**카르페디엠 노태성**
A095 이번 한주는 새로운 시작을 위해 용기를 내보려 합니다 싫은 소리를 해야하는 과정중에 지혜롭게 잘 이야기가 되길 바라는 한주의 시작의 마음입니다!!!!!!
1월 11일 오전 8:13 2

**상선약수 김혜영**
A095
오늘 90일 통독 27회 마친 날입니다! 횟수가 아닌 매일 중심에 말씀으로 계속 시작할걸 결심합니다!
무엇보다 삶의 변화가 임하도록..

영어 공부cake로 매일 하도록 하겠습니다!

일주일에 두권은 글로 남겨보겠습니다!

1월 11일 오전 8:22 2

**소원 권세연**
상선약수 김혜영 저도 요즘 필사하고 있는데요 횟수보다 매일 진심으로 삶의 변화에 초점을 맞춰해보겠습니다^^/

# Q
# 096

## 당신은 언제 평정심을 유지하기가 어려운가요? 앞으로 이런 상황이 발생할 때 어떤 마인드 셋, 사고방식, 태도를 적용하면 좋을까요?

**A096**

**A096**

**A096**

# 랜선코칭클럽 #096

**지혜 김성희코치** CEO책쓰기코칭

A,096
저는 저의 신념과 가치체계와 부딪칠때 입니다.그 이면에는
상호성을 원하는 저의 마음이 있는것을 알고 있어요 ㅎ
그것도 제 기준이겠죠~
갈등의 원인이 되기도 하겠죠?
평정심을 유지하기 위해서 저는
상대의 행동은 아마 그게 최선일거야 하고 생각하려고 합니다.

**옹달샘(Spring)_이홍원** that gives you a new hope in y...

A096 사람과 사람 사이에 적정한 거리를 유지하면 좋은데
존중.배려 없이 독을 품은 듯한 언행으로 다가올 때...마음은
요동 치고 평정심을 유지하기 어려울 때가 있습니다

이런 경험이 생기면 평정심을 회복하고자 걷거나 조용히 혼자
있는 시간을 가지며 나를 돌아보고 공자의 서(恕)를 생각해
봅니다. '같이'를 뜻하는 여(如)와 마음 심(心)이 합쳐진 글자.
같은 마음으로 사람을 배려하고 입장 바꿔 생각하면 그렇게
하지 않을 텐데하며~ 무엇이든 남에게 대접받고자 하는 대로
남을 대접하라. 내가 하고자 하지 않는 바를 남에게 억지로
시키지 마라(기소불욕 물시어인 己所不欲勿施於人)

**浩然 한민수 코치** 호연지기빛을 당신에게 비춥니다^^

A096. 평정심을 유지하기 어려울 때는 예상하지 못한
상대방의 반응이네요. 어려운 요청, 갑작스런 통보 등이
떠오르구요. 아직 평정심을 유지하는 건 좀처럼 쉽지 않지만,
그동안 지혜를 얻게 된 것은 즉시 반응하지 않고 기다리기,
조금더 기다리기, 상대방 의사를 다시 들어보기, 상호 화가
나는 상황이라면 물마실 틈을 찾고 상대방에게도 물 한잔
건네려고 노력합니다. 물 한잔의 여유가 필요한
상황이더라구요..

랜선코칭클럽 참가자들의 생생 댓글을 참고하세요!

**知止 오정근** 마음부자로 행복하세요^^
내 자신의 욕구와 충돌하는 상황에서 상대가 공격적일 때 그 이유가 납득이 안되는 경우입니다.
평정심을 다스리는 방법은 심호흡하면서 공백을 통해 즉각 반응을 피하는 것입니다. "분함이 생기면 이후 더 곤란해지는 것을 생각하라"는 공자의 조언(분사난, 忿思難)을 새깁니다.
그 다음에는 상대의 겉말을 따지기 보다 상대의 욕구를 알아보고 서로 잘못 알고 있는 것이 무엇인지 알아보고(지지 知止) 조율해 가는 순서를 택합니다.
1월 12일 오전 9:21 5

**힐러 조미선**
知止 오정근 와~ 정말 공감합니다. 코치님의 지지가 이런 뜻이었군요. 상대의 욕구를 알아보고 조율하기!
오늘도 멋진 말씀 가슴속에 담아갑니다.

**긍정해바라기_서희승** 진정성+평정심
A096.바닷가의 절벽처럼...너무 좋은글귀네요^^ 저는 감정기복이 심하면서 겉과 속이다른 어린아이 사람들을 만날때 에너지 소모도 많이 되고 제가 어느장단에 마추라는건지 멘붕이 옵니다. 제 일의 영역이 넓어지면서 다양한 사람들을 만나는건 좋은데 또 만나지않을 인연까지만나는것 같아 자꾸 갈등하게합나다. 복식호흡하면서 현재집중하고 나의 감정을 알아차리면서 인정해주고 부정적 감정덩어리들을 자연스레 보내주기입니다^^ 또한 아침마다 메일링으로 오는 좋은글귀 읽는것도 도움이 큽니다.
1월 12일 오전 9:50 5

**바람코치 신은희**
긍정해바라기_서희승 겉과속이다른 어린아이사람들^^;;
이란 표현이 확 와닿네요ㅎㅎ 저는 실제로
'어린'아이들도 상대할때 폭발하긴 합니다만ㅎ 호흡이 역시 좋은듯해요^^/

# Q
# 097

## 진귀순간 (珍貴瞬間): "지금 이 순간이 더 소중하다"라는 사자성어가 있습니다. 지금 이 순간 당신에게 가장 소중한 것은 무엇인가요? 그리고 그 의미는 무엇인가요?

A097

A097

A097

# 랜선코칭클럽 #097

**知止 오정근** 마음부자로 행복하세요^^
소중하지 않은 것은 없겠으나, 지금 이 순간 혼자 있다 보니 나다움으로 머무는 것이 가장 소중합니다. 나다움을 유지한다는 것은 내가 어디에 머물고 있는지 내 상태를 알고(知止) , 마음이 고요해지는 것을 느끼며 사려(思慮)가 깊어지는 단계로 나아가, 정신이 좋은 상태를 계속 유지할 수 있기에 제게 그런 의미가 있습니다.

**리나 이민지코치**
A097.
지금 이 순간 저에게 소중한 것은 아이들과 함께하는 시간인것 같네요. 2월까지는 24시간을 함께 보내야 할텐데.. 때로는 지치고 힘들지만 다시는 오지않는 소중한 시간임을 다시한번 상기시켜봅니다^^
1월 13일 오후 12:11 4

**힐러 조미선**
A097. 지금 이 순간 가장 소중한 것은 단단한 나를 쌓아가는 것입니다. 우리 가족을 포함해 나와 인연이 닿는 사람들에게 좋은 영향과 감동을 주고 싶어 나를 가꿔가는 중입니다.
1월 13일 오후 3:26 3

**멍석 연영주** 맘껏 드러낼 수 있도록 멍석을 깔아드리는...
**힐러 조미선**
'단단한 나를 쌓아간다'는 말씀 저에게 좋은 영향과 감동을 주시네요~ 소중한 인연에게 선한 영향을 주는주기 위해 저도 단단하게 만들어야겠어요^^
좋은말씀 감사합니다~
1월 13일 오후 3:30

랜선코칭클럽 참가자들의 생생 댓글을 참고하세요!

**긍정해바라기_서희승** 진정성+평정심
A097.햇살이 내리는 창가에 앉아 따뜻한 햇살을 맞고 있는 지금 참 행복하네요~~
오랫만에 맞는 따뜻한 햇살이 더 감사해지네요~~^^ 오늘 새로만날 코칭 고객님이 더 기다려집니다^^
1월 13일 오전 10:22 6

**멍석 연영주** 맘껏 드러낼 수 있도록 멍석을 깔아드리는...
**긍정해바라기_서희승**
오늘 코치님을 만나게 되는 고객분은 행운일것 같네요~
ㅎ 화이팅입니다^^

**나조아 이문희**
A097. 방금 코칭 하나를 마치고 랜선 코칭에 들어와 질문을 대하는데요. 지금 이 순간 그 분이 주신 말씀이 마음에 맴도네요.. "내 마음을 알아주는 사람이 한 사람은 있다는 사실이 정말 든든합니다" - 마음과 마음이 만나고, 그의 존재와 나의 존재가 닿아 있다는 이 느낌이 참 소중합니다, 이것은 나를 통해 누군가를 세우고 채우고 싶은 제 소망이 이루어지고 있음의 표현이라 참 뿌듯하게 감사합니다.
1월 13일 오전 10:39 5

**아하_한혜정코치**
A097. 지금 이 순간에 만나는 사람들입니다. 지금이 순간은 바로 과거가 되기 때문이고, 지금 이 순간이 모여서 미래가 되기 때문입니다. 한 치의 앞도 알수 없는 우리는 은혜로 기적의 삶을 살기 때문에 지금 만나는 사람이 가장 소중합니다.
1월 13일 오전 10:53 5

# Q
# 098

"지금 이 순간 OOOO이다"♬
노래 가사를 작사해보세요.
어떤 가사인가요?

A098

A098

A098

# 랜선코칭클럽 #098

**향기_김미정**
A098. 저의 지금 이순간을 용기내어 노래로 남깁니다..
지금 이순간, 지금 여기~
오늘 하루를 어떻게 보낼 까?
나 만의 꿈을..나 만의 행복..
하루를 상상하며 즐거워보이네~
지금 이 순간 오늘 하루~
생각한대로, 맘 먹은 대로 나 답게~
즐겁게 보낸 나를 상상하며
하루를 힘차게 보내자~

**지금 이순간.m4a**
988.9 KB

1월 14일 오전 7:31 8

**상선약수 김혜영**
A098
지금 이순간 훈련교관 없는 자유한 시간~~맘껏 책 보고 기도하는 충만한 이순간! 천상의 기쁨으로 더이상 좋을 수 없는 행복을 느끼는 아침!

단테의 신곡을 읽으며 지옥을 여행 중이지만 마음은 천국!

노래로 부를순 없지만 오늘 글쓰기 제목처럼 내 삶이 깃털처럼 가볍게 하늘을 날아봅니다~~^^

기발한 질문 감사해요!
노래는 다른분들 귀를 상처 낼까봐서 통과합니다^^
1월 14일 오전 8:05 7

**향기_김미정**
**상선약수 김혜영** 자유와 행복의 마음 천국을 맘껏 누리세요~~

랜선코칭클럽 참가자들의 생생 댓글을 참고하세요!

**浩然 한민수 코치** 호연지기빛을 당신에게 비춥니다^^
지금 이 순간
나는 노래하네

지금 이 순간
나는 기뻐하네

지금 이 순간
나는 사랑하네

지금 이 순간
피어 오 르는
커피 향기와 같이
노래하고
기뻐하고
사랑하네
– 호연지기

0:37

1월 14일 오전 10:14 4

—— **8개의 답글 더보기**

**김미영간사^^(예/은)**
**浩然 한민수 코치** 명상앱인줄 알았어요 ㅎㅎ👍
1월 14일 오후 9:18

**浩然 한민수 코치** 호연지기빛을 당신에게 비춥니다^^
**소원 권세연** 우와~ 숨은 제자(?)가 😂 ㅋㅋ여기 계셨군요. 낭낭하게 송송해주셔서 감사해요~ 진짜, 저도 오늘 다섯 번째 듣는데 마음에 평안이 밀려오네요. (속은 시끄러운데 겉목소리는 평온한게 신기방통합니다 ㅎㅎ) 오늘 질문 창작해주신 **향기_김미정** 님의 걸작품입니다~~~ 대단하세요^^ 호연지기 코치가 든든하게(?) ㅎㅎ 함께 하겠습니다!!

# Q
# 099

## 지금 무엇을 하고 싶으세요?

A099

A099

A099

# 랜선코칭클럽 #099

**옹달샘(Spring)_이홍원** that gives you a new hope in y...
A099 지금 이순간 가장 먼저 떠오는 생각은 새로운 습관 형성된 기념으로 99일을 함께 달려온 코치님들과 100일 전야제를 열어 그동안의 감사와 변화를 나누며 기쁨으로 감격의 100번째 질문을 기다리고 싶습니다

두번째. 예전에 받은 글 중에 소중한 'I'와'U'에 대한 내용이 있어 출처를 모르지만 올리고 싶어 과감히 올립니다. 소중한 코치님들 감사합니다.

How Can You "SM_LE" Without "I" ?
How Can You Be "F_NE" Without "I" ?
How Can You "W_SH" Without "I" ?
How Can You Be "N_CE" Without "I" ?
How Can You Be a "FR_END" Without "I" ?

So "I" Am Very Important!

But How Can I Achieve "S_CCESS" Without "U" ?
How Can I "LA_GH" Without 'U'?
How Can I Drink A "C_P" of Tea or Coffee Without "U"?
How Can I Enjoy The "S_NSHINE" Without "U"?
How Can I Have "F_N" Without "U"?

And That Makes "U" More Important Than "I"!
U and I work together to achieve great things..˙.

세번째. 아침 커피와 빵을 먹으며 출근 준비를 하는 이시간 감사하며 마음이 정결하고 온전하여 은혜의 말이 넘치는 행복한 하루 보내게 하소서~!

번역 보기

1월 15일 오전 7:34 9

랜선코칭클럽 참가자들의 생생 댓글을 참고하세요!

**향기_김미정**
A099. 지금 하고 싶은 건..
다이어트, 푹 잠자기, 아침 운동, 책읽기, 오늘~주말까지
코칭공부 또는 코칭 사전 준비하는 시간 갖기입니다..
앗! 하나 더 있네요.
제발 아침 식사만큼은 패스하고 싶습니다.
아침식사는 속이 더부룩하여 가볍게 커피 한 잔, 우유 한 잔
등으로 하고싶은데..가족들을 위해 아침식사를 만들긴 해도
저만 안먹으니, 제가 안먹으면 다 안 먹겠다고하네요..
어쩔 수 없이 된장찌개에 밥을 먹고 왔습니다. 약간의 개인
존중이 있기를 살짝 바래보는 아침입니다.^^
1월 15일 오전 7:44 8

—— 3개의 답글 더보기

**浩然 한민수 코치** 호연지기빛을 당신에게 비춥니다^^
**향기_김미정** 그래서 저를 잘 이해해주시군요^^

**김튜터 김주영**
우선 99일을 축하합니당! 지금가장하고싶은건.. 아무래도
마스크를 빼고 자유롭게 사람들 만나러다니는 상상을하고
있습니다! 더이상의 안부가 코로나때문에 괜찮냐는 말이 아닌
날이 왔으면 좋겠어요! 그리구 운동도 하고싶네요ㅎ 요즘
허리둘레가 늘고있는것같은..ㅜㅠ

**긍정해바라기_서희승** 진정성+평정심
A099.바다를 보러 떠나고 싶구, 구매한 책들을 하루종일
파묻혀 읽고싶구, 친구랑 맛집투워도하면서 수다떨고
싶구,,,하루종일 재미나게 놀고싶어요~~^^
1월 15일 오전 9:52 4

# Q
# 100

# 세상이 필요한 것을 위해 당신은 어떤 것을 매일 하고자 하시나요?

A100

A100

A100

# 랜선코칭클럽 #100

**터프여걸 장윤정** 하반기 첫날~ 행복을 느끼며
우와~ 오늘이 드디어 100일 째 입니다 ^^ 매일 제가 갖고 있는 지식을 남들에게 베푸는 삶을 살거 입니다.^^

**멍석 연영주** 맘껏 드러낼 수 있도록 멍석을 깔아드리는 코치입...
A100.
매일 일어나서, 그리고 잠들기전 기도를 하고싶네요~ 매순간 감사한 마음을 갖고싶습니다.
100일의 여정을 완주함에 함께 한 모든분께 감사합니다.

**향기_김미정**
A100. 세상이 필요한 것이 가족애라면..
저는 매일 하루 1끼 저녁식사 또는 아침식사를 손수 만들어 가족과 함께 하며 가족애를 더욱더 따뜻하게 느끼게하는 홈쉐프가 되겠습니다.

세상이 바른 사람, 정직한 사회로 함께 하는 것이 필요하다면..
저는 저의 진정성과 윤리적행동으로 직장동료, 가족, 고객,세상과 소통하겠습니다.

세상이 인간의 존엄성이 매우 중요하고 그것의 보호받는 것이 가장 필요하다고 한다면..
저는 저 스스로를 사랑하고 용기있는 모습으로 매일 담담하고 당당하게 지내겠습니다.

100번째 코칭퀘스천을 통해 세상에서 필요한 존재임을 깨닫게 해주신 안남섭코치님! 감사합니다.~^^

랜선코칭클럽 참가자들의 생생 댓글을 참고하세요!

**아하_한혜정코치**

A100 사랑을 매일 하겠습니다. 주님과,나와,이웃과 삶으로 사랑하고 감사하는 2021년이 되겠습니다^-^

**나조아 이문희**

A100.
저는 매일 사랑을 하겠습니다! ❤️

먼저 있는 모습 그대로 나를 사랑하겠습니다. 나의 고유한 특성을 감사하고 기뻐하며 이 세상에 태어난 소명을 다하려는 나를 가득히 사랑하겠습니다.

사랑받기 위해 태어난 상대를 겸손히 사랑하겠습니다. 그의 필요에 관심을 기울이며, 그를 온전히 보고 들으며 제가 받고 배운 사랑을 전하겠습니다.

이 뜻깊은 100일간의 여정을 통해 "함께 하는 힘"을 깊이 배웁니다. 여러분 사랑합니다~❤️

**소원 권세연**

A100.매일 아침 감사한 일을 생각하고 그 마음으로 하루하루 최선을 다하겠습니다
100일ㅜ—ㅜ
감사합니다♡ 덕분에 함께 완주했습니다ㅠ—ㅠ

# 랜선코칭클럽 #100

**힐러 조미선**

A100.
매일 감사하며 울림이 있는 행복을 전파하겠습니다.
드디어 100일이네요.
함께여서 설레고 행복했고 감사했습니다.♡

**긍정해바라기_서희승** 진정성+평정심

A100.저는 가족, 이웃들을 따뜻한 사랑의 마음으로 존중하며 격려해주고 감사하는 마음을 늘 가지고 살겠습니다^^ 저의 작은 긍정에너의 전파로 행복하길 바래봅니다.^^

100일의 행복 여정을 함께하신 코치님들 감사합니다 ^^

**감사.사랑.축복합니다.안 남섭코치**

A100
코칭퀘스천 100회 축하합니다.
매일 감사와 기쁨을 주고 받는 사랑에너지 충만한 삶을 선택하고 살면서 테마가 있는 공감식탁 챌린지 도미노 운동의 시작과 확산이 필요하다고 생각합니다.
일상에서 수시로 불필요한 바쁨을 멈추며 성찰하는 소중한 존재들의 연결된 긍정에너지로 신뢰와 희망의 세상을 앞당기고 싶습니다.

랜선코칭클럽 참가자들의 생생 댓글을 참고하세요!

**김미영간사^^(예/온)**
A100. 지쳐있는 자들에게 격려해주고싶어요 .

음식을 나눌 때 격려를 받는지
같이 울어야할지
공감을 원하는지
정말 상대가 다시 일어나 달리도록
지친 그들에게 격려해주고 싶어요

**知止 오정근** 마음부자로 행복하세요^^
사람들은 누구나 자신이 가치 있는 사람이고 싶어하고 쓸모가 있기를 바랍니다. 저도 그렇습니다. 우리나라 건국이념이 홍익인간인 것처럼 세상을 이롭게 하는 일이 저에게 의미 있는 일입니다.
세상이 제대로 작동되기 위해 글로벌 시민의식이 더욱 필요하기에 연초부터 공부를 시작했는데, 앞으로도 계속 해나갈 예정이며, 확산시키는데 기여하고자 합니다.
매일 할 수 있는 일은 저의 경험과 지식을 나누는 일이라고 생각을 합니다. 그 중 저의 강점이 철학과 코칭을 접목시킨 일이라 생각이 들어, 이제 시작한지 20여일에 불과하지만 매일 블로그에 [철학과 코칭]이라는 범주의 글을 쓰고 있습니다.
코칭철학에 대한 연구가 드물기에 코칭을 공부하는 분들에게 도움이 되기를 바라는 마음입니다.

**힘찬 안순봉**
세상을 위해 머리에서 머물지 않고 손과 발로 사랑 또 저의 소명을 실천하도록 스스로를 격려하고 때로는 몰아치겠습니다.

# 랜선코칭클럽 #100

**Annie_유지은**

A100. 매일 사랑으로 살아가겠습니다. 사랑의 마음으로 바라보고 사랑의 태도로 행동하겠습니다. 나의 이기적인 동기에서 비롯된 사랑이 아니라 상대의 필요를 돕고 격려하는 이타적인 사랑을 하겠습니다. 그 사랑이 막힘없이 흘러가길 바라며 기도합니다.

100번째 질문에 답을 하는 이 순간, 뭉클한 감동이 가득합니다. 100일 동안 따뜻한 사랑을 전해주신 랜선코치님들 감사합니다. 사랑의 마음으로 감사를 전합니다:)

**바람코치 신은희**

A100. 이번 코로나 사태를 겪으며...어쩌면 세상이 필요한것은 '멈춤'이  아니었을까 생각해봤습니다. 사람들의 이동과 과다한 생산이 멈추었기에 자연이 다시 빛나고 맑아진것을 바라봤습니다.

저는 세상이 필요한 것을 위해 매일 멈추겠습니다.

플라스틱 사용을 멈추고, 안 입거나 집에 쌓일 옷,장난감,책 사는것을 멈추고, 내 편의를 위한 택배배달을 멈추겠습니다.
가까운 거리는 걷고, 더 많은 시간을 가족과 함께 하며 손가락질은 멈추고 안아주기를 더 이행할것입니다.
불평 불만은 멈추고 세상환경(물리적, 심적)정화를 위해 제가 할 수 있는걸 더 찾아보는데 시간을 쓰겠습니다. 이를테면, 이렇게 우리의 랜선코칭클럽 질문에 정성껏 답하는 일 등이요😉🖤

랜선코칭클럽 참가자들의 생생 댓글을 참고하세요!

**덤덤 이영실(멘탈코치)**
'100일째는 꼭 참여해야지'
하고 기다리고 있었습니다~~♡

100일에 꼭 맞는 의미있는 질문이네요

지금도 매일 매일 실천하고 있는 것인데...

사람들이 건강한 몸과 마음과 정신으로 원하는 모습의 삶을
행복하게 살아가도록 기도합니다 ~~♡

100일 동안
의미있는 질문과 답으로
랜선코칭클럽을 빛내주시는 코치님들
참 고맙고 감사합니다

행복한 시간 보내세요 ~~♡

**김튜터 김주영**
제가 저의 자리에서 할수있는 것들을 하겠습니다. 댓글들 보니 만은 코치님들과 비슷하긴한데, 감사하기, 사랑하기, 질서 지키기, 배풀기, 나누기, 재활용 잘하기 등등 무리하지 않고 꾸준히 할수 있는것들을 하고싶습니다^^

# 랜선코칭클럽 #100

**리나 이민지코치**
A100.
아이들을 잘 키우겠습니다. 그리고 아이들이 본받고 싶은 어른이 되도록 노력하겠습니다.

100일의 영광의 마지막 순간을 코치님들과 함께할수 있어서 기쁘고 감사합니다!♡

**浩然 한민수 코치** 호연지기빛을 당신에게 비춥니다^^
A100. 머리로 살지않고 마음으로 살겠습니다. 마음을 담아 행동하겠습니다. (오늘따라 머리가 아픈거 보니, 더욱더 그러네요)
소통하는 사람들에게 건강을 기원하며 평온(따뜻함)을 전하며, 기쁨을 나누며, 사랑하며 전심으로 간절히 기도하겠습니다.
선한 마음은 이심전심으로 통하니까요.. 그러면 세상이 조금씩 건강해지고, 따뜻해지고, 즐거운 일이 많아지고 더욱더 사랑하게 되겠죠~

**상선약수 김혜영**
A100

위에 모두 다 잘 표현하신
것들을 실천하고 싶습니다!
기도, 감사, 사랑, 주어진 역할에 충실한 삶을 위해!

매일 타인의 좋은 점을 찾아서 칭찬과 격려를 하겠습니다!

함께 한 백일  동안 설레이고 성장하는 시간 감사합니다!

랜선코칭클럽 참가자들의 생생 댓글을 참고하세요!

**카르페디엠 노태성**

A100
저는 매일의 삶에 감사하며 기적과도 같은 오늘의 하루에 최선을 다하며 살아가려고 합니다.
쉽진 않겠지만, 사랑하는 마음도, 베푸는 마음도, 주변의 사람을 돌아보는 마음도......
요즘 안타까운 소식과 제 주변의 안타까운 많은 일들을 보면서 지금의 이순간도 기적과 같은 삶이라는 것을 많이 깨달았습니다.
매일매일 기도하며 지난 100여일의 아침을 기대함으로 시작한 것같이, 앞으로의 삶에도 매일매일 기대함으로 살아갈 힘을 얻은 것 같습니다~~~
감사합니다!!!!!!

**옹달샘(Spring)_이홍원** that gives you a new hope in y...

A100 매일의 삶에서 보냄을 받은 곳에서 청지기로 본이 되기를 소망하며 하루를 시작하겠습니다. 하루에 하나 씩 스스로 칭찬할 만한 선한 말과 좋은 행동을 하겠습니다. 매일 날마다 모든 면에서 점점 더 나은 사람이 되도록 몸과 마음을 건강하게 유지 관리 하겠습니다.

오늘 보다 나은 내일을 만들어가는 코치님들과의 좋은인연에 감사하며~앞으로도 함께 할 수 있는 많은 일들을 기대합니다.

항상 건강하시고 마음이 평화로워 편안하고 여유로우며 행복이 가득하시기를 기도합니다. 감사합니다♡

# 에필로그

## 소원 권세연 코치

How gentle is the rain
That falls softly on the meadow
Birds, high up on the trees
Serenade the flowers with their melodies

A Lover's Concerto. 이 노래를 자연스럽게 흥얼거리며 1997년도에 개봉되었던 영화 〈접속〉을 떠올렸다면 최소 20년 이상 나와 동시대를 살아오고 있는 이들이다. 영화 〈접속〉에서 두 주인공이 우연치 않게 통신으로 이야기를 나누게 되고 결국 만나게 되는 이야기이다. 나도 랜선코칭맛집에 우연히 들르게 되었다. 내가 처음 들어왔을 때는 사실 코칭 맛집도 아니었다^^; 처음에는 22명이었고 우리가 100개의 질문에 답을 함께 할 거라는 주인장의 간단한 안내문이 있을 뿐, 나와 같은 공간에 누가 있는지 전혀 알 수 없는 다소 딱딱하지만, 신기하게도 호기심이 일어나는 공간이었다. 발끝까지 내려진 블라인드 뒤에 각자 서 있는 느낌이었다. 8월 31일 영업개시, 9월 1일 숨돌릴 틈도 없이 "당신은 누구인가요?"라는 첫 질문을 시작으로 우리는 매일 다르게 주어지는 질문 하나에 각자 답을 하면서 100개의 질문을 채워나갔다. 사람들을 철벽처럼 가리고 도무지 올라갈 것 같지 않았던 블라인드는 질문의 개수가 더해질수록 종아리, 허리, 어깨, 눈으로 순식간에 올라가 나와 같은 공간에 있던 이들이 누구였는지 볼 수 있는 기쁨을 선물해주었다.

2020년도는 코로나로 비대면이 익숙해졌고, 사람들과 자유롭게 소통할 수 없는 것이 어려운 것 중에 하나였는데, 이곳을 통해 드라

마, 부동산등 가십거리가 아닌 나에 대한 이야기를 타인과 거리낌없이 함께할 수 있었고, 나에 대해 스스로 생각해볼 수 있는 귀한 시간이 되었다. 질문 중반이 넘었을 때는 랜선코칭맛집에 있는 분들과 함께 만나 손도 맞잡아 보고 싶었고, 침 튀어가며 이야기도 하고 싶었다. 그러나 100개의 질문에 답을 다 끝낸 이제는 '꼭, 우리가 만나야 할까'라는 생각이 든다. 굳이 약속하고 꼭 대면해서 마주봐야만 우리는 서로를 아는 사이라고 말할 수 있는 것일까?

"어느 쪽이든 애타게 찾고 있으면 인연이라는 증거거든요. 만나게 될 사람은 반드시 만나게 되어 있어요. 전 그걸 믿어요."라는 영화 주인공 수현의 대사처럼, 내가 우리 코칭맛집에 계신 분들을 애타게 찾고 있으니 우리는 인연이요, 그러니 시간이 걸리더라도 자연스럽게 만나게 될 날을 상상해본다.

성수동, 연신내, 일산, 양평, 안양, 동탄, 남원, 부산, 제주, 이수 등등 나의 랜선코칭 인연들이 곳곳에 있으니 그곳에 간다면 한번쯤 연락해 만나 손을 맞잡고 눈을 마주 보고 빙그레 미소 지어볼 날이 곧 오지 않을까 싶다. 그리고 이 책을 읽고 있는 당신과도 랜선코칭맛집에서 만나게 될 날 또한 기대해본다. (비밀이라면 처음 오는 사람도 단숨에 단골로 만드는 랜선코칭맛집 주인장 능력이 대단하다. 어색할까 망설여진다면 주인장만 믿고 오기만 하면 알아서 해주니 어서 오세요~!)

sowon2017@naver.com

## 예·은 김미영 코치

랜선을 통해 내 감정을 되돌아보게 될 줄은 몰랐다. 전혀 기대하지 않았기 때문에 의외의 잔잔한 물결이 내 생활을 움직이기 시작했다.

'루틴의 힘'이란 책 제목을 작년에 깊이 가슴에 새겼지만 그건 내 행동의 틀이었고, 랜선코칭은 이 루틴의 힘을 왜 갖고 싶은지 되돌아보게 했던 것 같다. 누군가 나에게 멘토가 되어서 질문해주고 답을 주기만을 늘 바랐던 것 같다. 하나님께 물어보기도 하고, 답을 얻기도 했지만 내 스스로 무엇을 원하는지 되돌아보는 데 많이 낯설었던 것 같다.

내가 나에게 질문을 던지는 시간, 그리고 그 답을 어릴 때 미래를 꿈꾸듯 답하는 시간, 그렇게 랜선시간을 함께 보낼 수 있는 저 선 너머에 있는 사람들에게 감사하다. 그렇게 각자의 자리에서 생각의 공동체를 만들며 격려해주고, 같이 가자 해주어서.

어린이 걸음마처럼 시작하지만 시간이 더 지나갈 때 난 달리기를 하면서 답할 수 있을 것 같다. 내가 즐겁게 달리게 되었다고.

scentnut@naver.com

## 향기 김미정 코치

어느 날, 코치들의 홍보 공유 소통톡에 '랜선코칭클럽'이 올라왔다. 박사과정 1년 차를 경험하면서 나의 코칭 실력이 녹슬어가고 있음에 고민이 많던 차에, 하루에 나를 위해 5분 이내의 짧은 시간에도 코칭 질문에 내 생각을 답할 수 있는 게 신기하고 호기심도 높아져 한번 해볼까? 라는 마음에 시작하게 된 것이 벌써 100일이 가까이 되었다.

참 신기한 것은 호기심으로 시작하였는데 어느새 즐기고 있고 오늘은 또 어떤 질문이 올라올까 궁금하기도 하며, 질문에 솔직한 나를 만나고, 질문이 어려울 땐 종일 고민하기도 하다가, 참여하는 다른 분들의 댓글을 보면서 깨달음도 느끼며, 응원과 격려 댓글로 내 마음을 표현하고 있는 것이다.

어쩌면 코칭이 녹슬고 있는 것이 두려운 나에게 랜선코칭클럽은 캡틴 코치로서 질문 올리기에 참여하면서 중복되지 않은 매일 새로운 질문을 만들어야 하는 창작과 인고의 고통 속에 나오는 파워풀한 질문을 통해 어느새 코칭 질문 만드는 코치다운 실력도 조금씩 향상되고 있음을 느낀다.

또한 캡틴 코치로 참여하면서 내가 올린 질문에 감사하다는 인사와 한 분 한 분 소중한 댓글은 언택트 문화에 딱 맞는 온라인 코칭 소통방법으로 대면에서 느끼는 상대와의 소통과 온기가 비대면 채널에서도 가능함을 보여준 결과이기도 하다. 묘한 중독으로 하루라도 빠지면 불안감이 생기기도 하고, 또한 애인처럼 기다려지기도 하며, 무엇보다 내 자신을 가장 솔직히 표현할 수 있음에 감사한다.

스스로를 온전히 만나고 깨닫고 성찰하고 싶은가요? SNS채널에서도 코칭의 힘을 느끼고 키우고 싶으신가요? 하루 아주 짧은 시간을 통해서도 마음의 풍요로움과 행복하고 따뜻함을 느끼고 싶으신가요? 그렇다면 '랜선코칭클럽'을 적극 추천합니다. 나를 위해 한 발짝 더 다가서세요. 조금만 용기내 보세요. 분명 언제나 랜선코칭클럽은 기다리고 있으니까요~

perfumejung@naver.com

## 지혜 김성희 코치

랜선 코칭 클럽이란?

나와 또 다른 내가 만나는 곳입니다.

빅 데이터에 잡히지 않는 김성희 코치라고 지인들은 말합니다.

어느 날 오후 예측불가 호기심에 이끌려 랜선 타고 들어온 곳이 바로 이곳 코칭 클럽입니다.

랜선이라는 무한 공간에서 코칭 클럽 주인공인 수호천사님들이 제공하는 '코칭 퀘스천'으로 나와 또 다른 내가 만나서 하루를 시작합니다.

나와 내가 만나 잠시 머물면서 깊이 숙고하고, 삶으로 다시 떠오르는 것들을 바라보며 촉발된 기억과 자동적 사고로 흐르는 것을 다시 보기 할 수 있게 되는 소중한 공간입니다.

초심의 그 마음을 계속 가져갈 수 있도록 코치님들의 상호 격려 지지가 우리 모두에게 성장원동력이 됩니다.

지금 이 순간 이 글을 쓸 수 있음에 행복하고 감사합니다.♥

babybug119@naver.com

## 김튜터 김주영 코치

코칭 질문들에 답을 하면서 스스로를 돌아보면 깊이 있는 질문들은 조금 더 심도 있게 스스로를 관찰하고 정리할 수 있고, 간단한 질문들은 대답은 쉽게 하면서도 다양한 생각을 할 수 있게 도와주어 질문에 대답하고 난 후 저는 살아 있고 깨어 있는 느낌을 받습니다. 코로나 사태가 시작되면서 모든 게 멈춰버린 듯한 2020년은 정말 일상을 고요하다 못해 지겹게 만들어버렸죠. 그 와중에 초대받은 랜선코칭클럽은 그 고요함에 파동을 일으켜줄 것 같아 참여하게 되었습니다.

시간은 늘 흘러갑니다. 흘러가는 시간에 놓여 있는 나 자신을 인식하지 못하면 우리의 인생은 시간에 따라 그냥 흘러가게 됩니다. 어쩌다 어른 이란 말도 이렇게 나온 거겠죠? 코칭은 이렇게 흘러가는 시간에 끌려가는 인생이 아니라 늘 스스로를 인식하고 생각을 확장하고 수렴하면서 정신적으로 더 크고 넓은 생각을 가진 내가 되어 의도하고 목표한 대로 이뤄갈 수 있도록 도와줍니다. 그 과정에서 가장 중요한 것은 적절한 질문입니다. 어떤 상황에서 어떤 질문을 받느냐에 따라서 생각하고 느끼는 폭도 달라질것이기 때문이죠. 그렇기 때문에 누군가가 고민해서 만들어준 질문을 받는다는 것, 답을 할 수 있다는 것이 얼마나 소중한지 모릅니다.

한 분 한 분 알고 보면 너무나도 존경스러운 다른 코치님들의 이야기도 훑어보면서 제 작은 세상이 깊어지고 넓어지기도 하는 것 같고, 제 댓글에 대댓글을 달아주시는 코치님들의 칭찬과 지지 격려는 이제 빠지면 섭섭할 것 같습니다.

사실 지금 제 핸드폰에는 하루에 1개씩 질문을 주고, 답을 쓸 수 있게 프로그램 되어 있는 어플이 있습니다. 코칭 질문처럼 의미 가득한 질문도, 가벼운 질문들도 있는데 매일매일 작성할 때 가장 잘 사용하고 있다고 할 수 있을 것 같은데 초반에는 한 20일 정도 작성하고 그 이후에는 질문이 도착했다는 알림이 와도 확인하지 않게 되었습니다. 이게 상호작용의 힘이 아닐까 싶습니다. 앞으로도 이런 긍정적인 상호작용을 하면서 서로에게 응원과 지지를 해줄 수 있는 모임이 쭈욱 이어질 수 있기를 바랍니다.

랜선코칭클럽 덕분에 2020년의 마지막을 보람차게 마무리할 수 있었습니다. 감사합니다.

great-U@naver.com

## 제이디 김현경 코치

코로나로 마음이 각박해지던 즈음 랜선코칭클럽에 초대받았습니다. 가까운 사람들과도 만나지 못하고 집에만 있던 저로서는 새로운 것이 마냥 신기하고 좋아서 바로 참여를 했습니다. 네이버 밴드에 미션기능이 있다는 것도 처음 알았고 글을 작성할 때마다 미션인증 표창이 화면에 뜨면서 재미있기도 했습니다.

매일 아침마다 새로운 질문을 올려주셨는데 저는 아침이나 점심 또는 한밤중에 틈날 때마다 보고 질문에 대한 나의 생각을 남겼습니다. 때론 제일 빠르게 글을 남기고 달아주시는 댓글을 보며 마음이 따뜻해지기도 하고~ 때론 너무 늦게 남겨서 앞에 다른 분들을 글을 한참 읽을 때도 있습니다. 다른 분들의 글 속에는 그분들의 삶과 생각이 녹여져 있어서 좋았습니다. 와~ 이렇게 생각하시는구나~ 이런 마음이 들기도 하시는구나~ 감동도 받고 즐겁기도 하고 혼자 웃기도 했습니다.

그림이나 사진 음악들이 올라올 때도 있었는데 하나하나 살피고 들으면서 하루종일 음악을 흥얼거리기도 했습니다.

매일매일 코칭퀘스천에 답하며 미션을 100일 모두 인증하고 싶기도 했는데 어느새 바쁜 삶을 살다 보면 놓칠 때도 많았습니다. 그렇지만 놓치지 않고 조금씩 함께 하자 라는 마음으로 이렇게 긴 기간을 달려온 것 같습니다.

편안하고 따뜻하고 감동이 있는 마치 눈 내리는 한겨울에 벽난로 앞에 옹기종기 모여앉아 이야기를 나누는 느낌으로 함께해 주신 모든 랜선코칭클럽 코치님들께 감사의 마음을 전합니다.

thecore@kakao.com

## 상선약수 김혜영 코치

"랜선코칭클럽은 바다다!"

강물이 되어 흘러서 언젠가 바다에 닿아서 자유롭길 바랐다.

그러다 어느덧 이곳에 오면 시원한 바다를 느낀다.

매일 아침마다 어떤 질문이 올라왔을까 설레는 마음으로 들어오고 질문을 던지고 생각을 하곤 했다. 나를 더 깊이 알아가고 댓글들을 통해서 다른 분들을 알고 배우는 좋은 시간이 되었다!

코칭을 하시는 실력자들 사이에서 함께 하면서 질문의 질을 높이는 방법도 매번 참여하면서 자연스럽게 배우게 되었다. 댓글의 응원으로 힘도 얻었고 각 이름 앞의 별칭처럼 모두들 지혜롭고 명철했다! 이 모임을 이끌어주시는 숨어 있는 보석 분들께 깊이 감사하게 된다.

유난히 100일이 붙은 일들이 있었는데 계속 진행 중이다.

이 랜선코칭이 끝나도 계속 참석해서 더 넓고 깊은 바다로 항해하고 싶습니다!

감사합니다!

ightmind516@naver.com

## 카르페디엠 노태성 코치

우연한 기회에 코칭이라는 것을 알게 되어서 한참 코칭에 대한 공부를 하다가, 현업이 바빠져서 잠시 잊고 살고 있었는데, 2020년 어느 날 코치님의 초청으로 랜선코칭에 참여하게 되었습니다. 다시금 코칭이라는 학문에 흥미를 가지며 공부를 하며 저의 가치관을 발견하고 성숙하게 발전을 시킬 수 있을 것이라는 기대감을 가지고 참여를 할 수 있게 되었습니다.

2020년은 세상의 모든 사람들이 잊지 못할 한 해가 되었습니다. 저에게는 또 다른 이유로 기억에 남을 한 해가 될 것입니다. 매일 아침 올라오는 질문들을 기다리며 설레이고, 질문을 받고서는 가볍게 답을 하기도 하고 때로는 쉽게 답을 하지 못하고 고민을 하는 시간들을 보내며 벌써 100여 일이 지났습니다. 지난 100개의 코칭 질문 여정은 과거를 통해 저를 알 수 있는 시간이었고, 현재의 저의 위치를 새롭게 알게 되는 시간이었으며, 잊고 있던 꿈을 찾을 수 있는 시간이었습니다. 그리고 미래의 모습을 즐겁고 재미나게 꿈꿔 나갈 수 있는 시간이었습니다.

혼자서는 힘들었을 100개의 질문 여정에서 함께 질문을 공유하고, 나누며 서로 격려하는 모습이 있어서 여기까지 올 수 있었습니다. 자기성찰의 기회와 '함께'라는 의미를 다시금 되새기게 되었습니다. 2020년 랜선코칭클럽의 코치님과 함께 할 수 있었음에 감사함을 전합니다.

click0725@hanmail.net

## 소피아 박소영 코치

2020년 초부터 우리는 코로나19로 힘들고 어려운 시기를 보내고 있다. 누구는 그냥 지금 상황상 이런 거지, 코로나가 끝나면 시작해야지 하고 있지만 또 다른 누구는 위기의 상황 속에서도 다른 기회를 찾아 도전한다.

한민수 코치님의 랜선코칭클럽은 그렇게 코로나 시대에 새로운 도전으로 시작되었다. 코치님 개인적으로는 새로운 도전이셨겠으나 참가한 사람들에겐 위로이자 힐링이자 자기 발견의 시간이었다.

작년 출산과 육아로 회사를 휴직하고 몇 달이 지나니 사회와 단절된 느낌, 커리어에 대한 불안감이 들면서 스스로에 대해 위축이 되었다. 랜선코칭클럽은 그런 나에게 희망을 주고 에너지를 주었다. 좋은 질문을 받고, 나를 탐색하며 생각을 지혜로운 사람들과 함께 나누며 오늘을 더 잘 살아갈 힘을 얻었다. 비록 육아라는 핑계로 매일매일 질문에 답을 달진 못했지만, 이른 아침 모닝커피를 마시며 도란도란 인생의 희로애락과 꿈, 희망, 사랑을 나눈 랜선코칭클럽은 너무나 의미 있는 경험이었고 2021년도 계속되길 희망한다.

멋진 프로젝트에 참여하게 해주신 나의 오랜 인연 한민수 코치님! 그리고 함께해주신 모든 코치님 감사합니다.^^

sophiacoach81@gmail.com

## 나너우리 박희보 코치

길을 찾다.
길을 묻다.
길을 걷다.

무작정 나선 걸음이다. 그러나 한 걸음을 내딛는 것이 왜이리 힘든지…. 왜 걷는지, 어디로 가는지 스스로에게 질문을 던지지만 정답은 없다. 그때 랜선코칭클럽을 접하게 되었다. 매일매일 올라오는 질문들…, 때로는 답하기도 어렵고, 때로는 피하고 싶은 질문도, 때로는 외면하고 싶은 아픈 질문도 있었다. 그렇게 매일매일 접하는 질문에 정답을 찾으려고 애썼지만 정답은 떠오르지 않고 점점 혼란스러움만 늘어났다. 그러던 어느 날 묻고 답하려는 과정 속에서 진지하게 자신을 들어다보고 있는 자신을 보았다. 방황하고 힘들어했던 지난 시간의 자신을 돌아다보고 있었다. 그러다 문득 내 안의 작은 아이를 발견하게 되었다. 너무 작게 움츠리고 있는 내 안의 작은 아이를 발견하게 되었다. 그 아이를 가만히 바라보고 있다. 그냥 가만히…, 그리고 움츠리고 있는 그 아이가 일어서기를 기다린다. 그렇게 랜선코칭클럽은 내 안의 나를 만나게 해 주었다.

그동안의 질문과 활동을 모아 책을 낸다고 한다. 부족한 나를 그 귀한 자리에 함께 해주어 감사하다. 나에게도 그랬듯이 누군가에게도 이 질문들이 길을 찾고 묻는 데 힘이 되길 바란다.

naneuli@korea.kr.

## 긍정 해바라기 서희승 코치

2020년 코치로서 출발선을 긋고 코치다운 코치로서 잘 가기 위해서 어떻게 가면 좋을까라는 질문 속에서 한 코치님을 만나게 되었다. 다양한 경험과 진실하신 모습 속에서 말이 아닌 코치님의 묵묵히 가시는 뒷모습을 보면서 많이 배우고 느끼고 실천하는 계기가 되었고 코치로서 나도 한뼘 성장하는 것 같았다.

그렇게 한 코치님과의 인연 속에서 반가운 소식… 바로 랜선코칭클럽을 한다는 것이었다. 랜선에서의 얼굴도 모르는 분들과의 인연… 100일간의 질문 여정을 시작하게 되었다. 처음엔 낯설고 하루하루 올라오는 질문 속에서 곰곰이 생각도 하고 나를 뒤돌아보고, 부끄러운 점도, 행복한 일도 함께 나눌 수 있는 공간이 있다는 것이 감사했다. 또한 다른 코치님들의 답변을 통해 나이를 떠나 세대 간의 소통을 통해 삶의 지혜를 깨닫는 시간이었으며 진정한 에너지 파동이 넘실되어 가고 있음을 느낄 수 있었다. 직접대면, 전화통화가 아닌 글로써 사랑과 따뜻함을 온전히 느낄 수 있고 서로 간의 댓글 속에서 찐우정들이 싹트는 것 같다.

이제는 매일 아침 눈을 떠서 오늘의 코칭 질문은 무엇일까?라는 마음으로 확인하게 되는 습관이 생겼다. 하루를 시작하는 선물을 받는 것 같다. 내가 질문을 올리는 날에 일주일 전부터 고민이다. 어떤 질문 선물을 드려야 할까 고민고민하는 것 또한 코치로서 즐거운 고민이고 그런 것을 겪어나감으로써 내가 코치로서 잘 가기 위한 길도 찾을 수 있었던 것 같다. 혼자서는 못했을 것을 함께여서 가능했던 랜선코칭클럽에 참여한다는 것이 너무 감사하고 고맙다. 앞으로도 쭈욱 랜선코칭클럽을 놓치지 않을 거예요~^^

withyoushinecoach@gmail.com

## 바람코치 신은희 코치

내 안의 너를 바라보는 시간, 랜선코칭클럽.

'랜선'과 '코칭', 그리고 '클럽'이라는, 어쩌면 어울려 보이지 않는 단어들이 모여 제 마음속에 훈훈한 둥지를 틀었습니다. 첫 시작은 '얼떨떨함'이었습니다. '여긴 뭐하는 곳이지?', '어떻게 매일 새로운 질문이 올라오지?', '인증을 하니 축하를 해주네?' 참 신기한 곳이었습니다.

20일차, 40일차, 60일차를 지나 100일을 향해 달려가며 어느덧 제 매일의 일상에 빠질 수 없는 루틴이 된 랜선코칭클럽은 이제 제게 '친정' 같은 곳입니다. 언제 가도 따뜻한 댓글을 만날 수 있는 곳, 매일 눈뜨면 새벽 6시부터 새로운 질문을 만날수 있는 곳. 솔직하게 내 속을 털어놔도 포용을 받을 수 있는 곳, 다양한 사람들이 모였지만 혼자만 튀는 게 아니라 함께 어우러지는 곳이 랜선코칭클럽이었습니다.

때때로 질문을 만드는 코치로도 참여하면서 미리 질문주머니를 만들어둘 만큼 내 생각을 새로운 질문으로 전환하는 게 설레었습니다. 세상에 없는 우리만의 새로운 질문을 만들어내고자 하는 욕심에 압박감과 부담감이 느껴질 때도 있었습니다. 그럼에도 불구하고 그런 깊이 있는 질문을 통해 타인의 삶을 함께 공유할 수 있다는 것은 크나큰 영광이었습니다.

랜선코칭클럽은 '인생 성찰의 장'입니다. 이곳에선 다양한 인생의 바람들을 느껴볼 수 있습니다. 좋은 건 함께 나누라고 배웠습니다. 이렇게 말로 표현할 수 없이 좋은데 26명만 알고 있다는 게 참 아쉬웠습니다.

독자 여러분도 이 책을 통해 인생질문을 만나고, 다른 이들의 스토리를 읽으며 위안을 얻으시길 바랍니다. 희망과 꿈을 가지고 더 소망해본다면 해외에 있는 분들도 이 책을 통해 새로운 삶의 방향과 성찰을 얻으시길 기대해봅니다.

ann06@naver.com

## 화평 안남섭 코치

함께하는 코치들의 질문으로 하루를 시작하며 새로 경험해보는 랜선코칭맛집에서 내 생각과 마음을 열어 보이고 자극도 받고 배우며 하루하루 성장을 체험하는 귀한 시간이었다.

인생은 하루씩 주어지는 선물로 이루어진 시간이기에 자기다움을 찾고 꽃피우는 과정이다. 날마다 주어지는 코칭질문으로 숨어 있는 존재의도대로 살려는 자신을 깨우고 코치로서 성숙 되어가는 삶의 여정에 함께하는 사람들의 영향력은 지대하다.

매일 올라오는 회원들의 공감되는 글과 나와 다른 삶을 사는 귀한 존재의 신선하고 새로운 시각과 관점의 글을 읽으며 물리적으로 떨어져 있어도 비대면으로 함께하면서 서로를 더 깊이 알아가게 되는 값진 경험을 하게 되었다.

다양한 질문과 관련된 작은 일상의 이슈와 이야기를 진솔하게 나누는 자신의 글에 존중과 지지를 받으면 자존감이 올라가고 연결된 사랑에너지로 채워가는 행복한 시간이 되기도 했다. 또 매일 조금씩 삶의 목적을 찾아가며 성장하는 회원들의 모습을 접하며 변화와 성장을 돕는 코칭의 진정한 파워를 느끼는 시간이어서 참 감사한 시간이었다.

atcahn@empas.com

## 힘찬 안순봉 코치

코로나19 상황에서 어느 누구는 소소하게는 집에서 나가지 못하고 지인들과 술자리를 못하는 아쉬움을 가장 큰 어려움으로 느끼기도 하고, 어느 누구는 직장을 잃고 생계의 극한에 내몰리는 사람도 있습니다. 저 같이 사회복지 영역에서 일하는 사람도 '접촉하지' 못하는 이 상황이 너무나도 낯설고 어려웠습니다. '언택트', '랜선'이 생소하기만 한 단어와 '눈맞춤', '체온', '방문'으로 이루어지는 일상이 어떻게 조화될 수 있을까. 이는 마치 눈에 맞지 않은 안경을 쓰고 걸어가는 듯, 양쪽 다리의 길이가 차이나는 의자에 앉아 있는 듯 넘어지지 않기 위하여 노력하지 않으면 위태위태한 상황이었습니다.

지금 생각해보면 작년 하반기부터 저에게는 이러한 인지부조화 상황이 독이 되어 제 삶에서 '생기'와 '의욕'이 서서히 말라가고 있었던 것 같습니다. 직장에서의 공적인 목표와 시간의 정연한 흐름도 막혀서 어찌할 바를 모르고, 집에서의 일상도 어지러워져 질서를 찾지 못하였습니다. 어찌 하면 좋을까. 갈피를 잡지 못하고 스스로에게 '자책'과 '무력감'을 선물하고 있었습니다.

하지만 언제나 인생은 반전이 있죠! 여러 코치님들과 함께 하고 있는 '랜선코칭클럽'이 저에게는 스스로에게 이 상황을 객관적으로 바라보고 극복할 수 있는 기회를 제공해주셨습니다. 연말부터 랜선코칭클럽의 질문들을 다시 챙겨보면서 주섬주섬 잃어버렸던 '생기'와 '의욕'을 다시 찾아가고 있습니다. 코치님들이 주시는 주옥 같은 인사이트(insight)를 놓치지 않고 다시 달려보겠습니다.

'랜선코칭클럽' 코치님들 감사합니다.

asbjhy@hanmail.net

## 멍석 언영주 코치

랜선코칭클럽의 멤버로 초대를 받았을 때, 내가 그동안 살아오면서 한 가지 목표를 이루기 위해서 100일 동안 꾸준히 했었던 경험을 떠올려봤다. 수많은 목표를 세워봤지만, 부끄럽게도 단 한 번도 100일은 고사하고 30일도 제대로 실천한 기억이 떠오르지 않았다. '많은 분들과 함께하는 도전에서 낙오자가 되지 않을까?'라는 두려운 마음도 있었지만, 다른 한편으로는 지지해주고 응원해줄 누군가와 함께하기 때문에 '할 수 있지 않을까?'라는 기대감과 호기심도 생겼다.

그렇게 시작하게 된 100일간의 긴 여정을 완주하면서 놀라운 사실을 깨닫게 되었다. 혼자만의 힘으로는 도저히 할 수 없는 것도 서로 협력하면 내가 예상할 수 없는 놀라운 기적같은 일이 현실로 이루어진다는 것을 체험하게 되었다. 매일 톱니바퀴처럼 돌아가는 일상 속에서 유일하게 나 자신과의 대화를 하는 시간을 가질 수 있어서 좋았다.

때로는 내 자신에게 위로와 격려도 해주고, 때로는 칭찬과 인정을 해주면서 스스로 뿌듯해한 적도 많았다. 모든 질문에 대한 답은 내 내면에 있었기 때문에 매일 맞이하게 되는 질문을 통해 '휴먼빙'의 참뜻을 알게 되었다. 'being', 존재하는 것만으로도 충분한 가치와 행복이 있다는 것을 알게되었다. 랜선코칭클럽의 일원으로 참여하게 된 것을 큰 행운으로생각하며, 그동안 서로의 이야기를 내 자신의 이야기인 것처럼 진심으로 경청해주고 공감해주신 모든 코치님들께 깊은 감사드립니다.

yyj1523@naver.com

## 知止 오정근 코치

저는 38일차에 조인하면서 모르는 분들이 많아 어색했지만, 우리나라 코칭의 개척자이신 안남섭 코치님이 계셔서 조금은 안심이 되었습니다. 12년 전에 처음 코칭을 배울 때 '사람들은 연결을 통해 성장한다'는 말을 들었는데, 코로나 시국에 대면이 어려워진 시기에 바로 랜선코칭클럽을 만나 이 말이 다시 실감이 났습니다.

매일 하나의 질문에 각기 다른 답글로 만나는 여러 코치님들의 생각과 스토리를 듣는 것이 배움의 일이요, 자극 받는 일이기도 했습니다. 잘 모르는 분들 앞에서 나를 글로 드러낸다는 것이 부담이 되기도 했지만, 어떨 때는 '자뻑'이 될까 봐 조심스럽게 생각될 때도 있었습니다. 하지만 댓글을 달아주시는 분들의 정감 어린 멘트에 힘을 얻기도 했기에 감사한 마음입니다.

저에게 코칭퀘스천 100개의 의미는 나를 돌아보는 시간이었고, 나를 찾아보는 시간이었고, 나를 내다보는 시간이었습니다. 질문에 답을 반복하면서 여기 지금 '어제의 나'를 돌아보는 일은 '미래의 나'와 연결하는 과정임을 느끼게 되었습니다. 간혹 생각지도 못한 질문을 만나면 제 가슴속 빚진 마음이 떠오를 때도 있었고, 머릿속 기억창고를 더듬거려야 실마리를 찾기도 했음을 고백합니다.

100개의 질문에 꾸준히 답을 한다는 것이 저에게는 대단한 일이었습니다. 질문에 바로 응답하지 못한 채 생각이 멈춘 적이 적지 않았기에 '코칭퀘스천 100'을 통해 그동안 나는 나 자신과의 대화가 부족했고 나 자신에 대한 진실함이 부족했다는 반성이 되었습니다.

논어는 학이시습(學而時習)으로 시작하여 맨 마지막에 '부지언무이지인(不知言無以知人)'으로 끝을 맺습니다. '그 사람의 말을 모르면 그 사람에 대해 안다고 할 수 없다'고 말합니다. 다행스럽게도 코치님들은 표현된 말이 전부가 아닌 줄 아는 프로직업인이어서, 서툰 글일지라도 잘 헤아려 알아듣는 분들이어서 랜선코칭클럽 안에서 안심을 하며 글을 썼습니다.

이 글을 쓰며 '100개의 질문에 또 다시 대답을 한다면 과연 나는 똑같은 답을 하게 될까?' 하는 의문이 생깁니다. 글은 말을 다 담을 수 없고, 말은 생각을 다 담을 수 없다고 합니다.  아마 제가 했던 답에 저를 다 담아내지는 못했을 것이라 생각이 들며, 반 정도는 답이 달라질 것 같습니다.

이 클럽에 초대해준 코치님에게 감사하며, 혼자라면 못 했을 이 일을 동행하는 코치님들이 계셨기에 함께 성장할 수 있었음에 감사하며, 좋은 질문을 전해주신 코치님들과 이 책을 읽어주신 독자님께 진심으로 감사드립니다.

ojikojik@naver.com

# Annie 유지은 코치

'조금씩이라도 꾸준히 코칭을 해보자'

의지는 있었으나 코칭실습을 지속하기가 어려웠다. 처음 랜선코칭클럽 초대를 받았을 때, '이거다' 싶었지만 매일 질문에 답을 해야 한다는 것에 자신이 없었다.

올해 초 아이가 기관에서 겪은 일들을 표출하기 시작하면서 아이 문제가 모든 것을 뒤덮어버렸다. 한결 여유가 생기긴 했지만, 어느 날 갑자기 무섭다며 몇 주씩 엄마 껌딱지가 되는 일상이 반복되던 때였다. 당연히 할 수 없다 생각하고 지나갔는데, 한 코치님의 연락을 받게 되었다. 코치님의 '할 수 있는 한 참여해보라'는 격려가 용기를 주었다. 격려가 의지를 행동하게 했다.

'온전한 수용을 경험하다'

그래도 매일 참여하는 것이 원칙인데 띄엄띄엄 참여하는 것이 눈치가 보이기도 했다. 하루종일 질문 한번 제대로 들여다보기도 어려운 날은, '괜히 했나' 후회가 되기도 했다.

랜선코치님들의 온전한 수용과 격려로 꾸준히 참여할 수 있었고 온전한 수용을 여러 방면에서 경험하게 되었다. 시간이 지날수록 인간관계에서 온전한 수용을 경험하기 어렵다고 생각해오던 차였다. 알지도 못하는 타인을 그대로 수용하는 코치님들을 보며 생각의 틀이 깨어지게 되었다.

특히, 내가 점점 수용보다 판단하는 사람들에게 마음의 벽을 높이고 있었다는 것을 바라보게 되었다. 온전한 수용의 태도를 지닌 코치님들을 보면서, 상대가 어떠하든지 나는 온전히 수용하는 사람이 되자 라는 태도를 갖게 되었다.

마지막으로 나 자신을 바라보고 수용하게 되었다. 올 한 해 내 감정과 생각을 잘 다스리며 왔지만, 여전히 정돈되지 않는 무언가가 있었다. 랜선 코치님들의 질문과 답글들은 내 자신을 온전히 비춰주었고 내가 보지 못한 나를 바라보고 받아들일 수 있게 해줬다.

'마르지 않고 흘러가는 샘물처럼'

랜선코칭클럽이 마르지 않고 흘러가는 샘물이 되길 바란다. 이미 그러하다고 생각한다. 랜선코칭클럽을 통해 정돈된 내가 지금 있는 자리에서 그 에너지로 타인을 대하고 있다.

랜선코칭클럽이 꾸준히 이어져 더 많은 사람들이 배움과 성찰을 얻고 랜선코칭클럽을 통해 지금 이 순간을 살아갈 정돈된 에너지를 갖기를 바란다. '지금'이 차곡차곡 쌓이면 큰 산도 넘고 강물도 건너 '잘 왔구나' 생각되는 순간이 오지 않을까.

annajeyoo@gmail.com

## 나조아 이문희 코치

문(門) - 하나의 문이 닫히면 새로운 문이 열린다.

코로나로 모임과 교제가 어려워진 가운데 전혀 새로운 모임을 만나게 되었다. 초대해주신 분을 믿고 '아묻따'로 스윽~ 발을 들여놓고 보니 아주 무서운(?) 곳이었다. 들어올 때는 마음대로 들어왔지만 나갈 때는 마음대로 나갈 수 없는… 아니 나가고 싶지 않은 곳, 코로나가 아니었으면 열리지 않았을 특별한 문이 내 앞에 활짝 열렸다.

문(問) - 질문을 받으면 생각이 시작된다.

하루 한 가지 질문에 답하기 - 코치로서 잃을 것이 없는 도전이었다. 늘 좋은 질문을 탐내는 것이 코치의 사심 아닌가… 그런데 이내 그 사심은 온데간데없고, 질문을 품고 내 속의 답을 찾으려 꿈틀거리는 내 생각을 보게 되었다. 지친 나를 일으키는 질문, 헉! 소리 나도록 나의 존재를 깨우치는 질문, 생각하지 않았던 것을 생각하게 하는 질문 앞에서 나는 조금씩 성장하게 되었다.

문(聞) - 답을 들으면 답이 보인다.

'나다움'을 발하며 살아가는 분들의 답은 저마다의 빛깔과 향기를 머금은 과일열매 같았다. 그것을 찬찬히 음미하다 보니 내 앞의 문제들이 어느덧 사라지고, 나는 나도 모르는 사이 언덕을 하나 넘어서 있기도 했다.

문(文) - 글이 모여 책이 된다.

두고두고 보고픈 글이 책으로 엮인다니 참 반가운 소식이다. 그런데 책 중의 으뜸은 사람책이 아니던가… 수많은 사람책을 만났으니 이분들과 함께할 내 삶이 기대된다. 랜선코칭 이후 더 멋진 사람책으로 살아갈 내가 기대된다!

helenncoach@naver.com

## 리나 이미지 코치

랜선코칭클럽은 힐링이다!

2020년은 코로나와 더불어 개인적으로 새로운 도전과 변화가 많은 시간이었다. 그 새로움 앞에 설레기도 하고 두렵기도 했다. 가끔은 이 길이 맞는 길인지, 과연 내가 잘 살아가고 있는 것인지 헤매기도 했다. 그러던 중 랜선코칭클럽에 초청을 받게 되었고 중간에 합류하게 되었다.

매일 올라오는 한 가지 질문에 답을 하는 것이 뭐가 그리 큰 의미일까 싶었지만, 날짜가 거듭될수록 이 시간은 나에게 힐링의 시간이 되어갔다. 매일 새롭게 던져지는 질문들은 바쁜 일상 가운데 관점의 전환을 가져다주는 매개체가 되기도 하고 나를 성찰하고 포용하게 하는 장이 되기도 했다. 그리고 나의 부족한 참여에도 여기 계신 여러 코치님들의 랜선소통 덕분에 위로받고 미소지을 수 있었다.

이 따뜻한 소통의 장에 함께할 수 있음에 감사하며 우리가 나눈 100일의 질문과 26명의 이야기가 이 글을 읽는 독자들에게도 '힐링'의 시간이 되길 바란다.

valuable727@naver.com

## 덤덤 이영실 코치

랜선코칭클럽은 26명의 코치님들이 코치와 고객의 역할을 동시에 하면서 온라인에서 질문과 답을 주고받는 새롭고 의미 있는 코칭 시스템을 만들어가고 있다.

매일 아침, 관점을 변화시키고 사고를 자극하는 질문과 대답들... 온 마음으로 경청하고 인정과 지지, 칭찬과 격려의 댓글로 코치 본연의 자세를 실천하고 있는 자발적이고 긍정적인 코치님들의 모습은 코칭의 강력한 파워를 실감하게 한다.

"모든 사람은 온전하고(Holistic), 해답을 내부에 가지고 있고(Resourceful), 창의적인 존재이다(Creative)."

랜선코칭클럽은 코칭철학의 실천이 누구든지, 언제, 어디서나 가능함을 다시금 깨닫는 즐거움을 주었다. 랜선코칭클럽의 코치님들은 고객과 코치의 역할을 진정성 있게 실천하면서 각자의 능력을 확장시키고 원하는 목표를 이룰 수 있도록 사고, 존재, 행동을 재창조하도록 강력한 지원을 제공하는 파트너십으로 함께 성장해나갈 것이다.

inoleeys@naver.com

## 옹달샘 이홍원 코치

조용히 나를 만나는 100일간의 동행.
하루를 기도와 묵상으로 시작하고 만나게 되는 코칭퀘스천!

아침마다 올라오는 코칭 질문을 통해 나의 내면에 담겨 있는 생각과 감정, 느낌을 보다 자세히 바라볼 수 있는 시간이 되기를 소망하고, 정리되지 않고 떠돌아다니는 생각들을 정리할 수 있기를 바라고, 나를 좀 더 바르게 세워갈 수 있게 될 것이라는 기대감으로 참여하게 되었습니다.

> 배운다는 것의 최대 장애물은 가르쳐 주는 것이 아닐까?
> 그것은 스스로 답을 찾아낼 기회를 영원히 박탈해 버리기 때문이다.
> 스스로 생각해서 답을 찾아내야 진정한 배움을 얻을 수 있다고 나는 믿는다.
> 생각하는 인간을 만들려면 명령형인 부호보다 의문형인 '?' 부호가 훨씬 더 좋다.
>
> - 엘리 골드렛 , The Goal(당신의 목표는 무엇인가?) 중에서

스스로 생각하며 정리할 수 있도록 매일 새롭게 질문을 올려주시는 랜선 코치님들로 인해 평상시 생각지 못했던 것들을 생각하게 되고, 때로는 아하! 하는 깨달음도 얻게 되고, 도전을 받기도 하였습니다. 또한, 코치님들의 답글을 통해 서로를 알아가게 되고, 서로를 돌아보며 위로하고 격려하는 좋은 시간이었습니다.

100일간 내면의 나를 만나고 랜선 코치님들을 만나며 배운 것을 몇 가지 적어 봅니다.

★ 함께 하면 변화를 더 신속하고 안정적으로 만들어낼 수 있습니다.

★ 혼자 하는 것에는 한계가 있기에 동료, 선·후배 코치가 필요 합니다.

★ 함께 협력하는 그 시간 속에는 무한한 힘과 에너지가 있습니다.

곡식이 익기 시작하는 하늬바람 부는 가을(2020. 9. 1)에 시작하여 어느덧 높은 곳에서 차갑고 세게 부는 된바람의 계절을 지나고 있습니다. 그렇게 100일 동안 코치님들이 계셨기에 여기까지 올 수 있었습니다.

이제 곧 샛바람이 불기 시작할 것입니다. 어둠이 물러가고 동이 트며 날이 새듯 2020년을 힘들게 했던 코로나19도 끝이 나고 새날, 새 희망의 날이 올 것입니다.

"우리. 함께. 같이"

2021년에도 여러 코치님들과 함께 랜선코칭클럽을 통해 몰입하고 열정을 쏟아내며 내적 변화를 이끌어내어 지속적으로 성장해가기를 소망합니다.

함께 동행한 코치님들께 감사의 마음을 전합니다.

nownuri77@naver.com

## 터프여걸 장윤정 코치

올 한 해 코칭클럽을 알게 되면서 습관처럼 아침저녁으로 마음을 정리하는 시간을 가졌습니다.

그 전에는 일을 하기 전, 타인의 말에 좌지우지되어 마음의 변화가 많았습니다. 습관이 붙지 않을 때는 마음을 정리하고, 질문에 답하기가 어려웠습니다.^^

그러나 70일 동안 100일 동안 꾸준히 일기처럼 적어보면서 긍정적인 동기가 생기고, 하루를 알차게, 저녁에 사람들에게 치이던 마음을 조금이나마 정리할 수 있었습니다. 마음의 잡념이 없어지는 제 자신을 보았습니다.

다른 사람들에 의해 제 감정이 좌지우지되면 시간과 제 삶이 너무 아깝다는 생각이 듭니다. 정리와 계획을 통해 알차게 하루를 보내고 싶습니다.^^

2020년 마지막 주인 지금, 어떤 질문이 오늘을 기다리고 있을까?! 기다리게도 되고, 하루하루 듣는 음악에 힐링도 되고, 이제는 루틴처럼 일기장에 적는 것처럼 저의 하루를 시작하고 마무리하는 습관이 되고 있습니다.

yjjok999@naver.com

## 숲향 정혜연 코치

코칭맛집의 삶으로 다시 떠오르기

2020년 한 해는 많은 변화와 예기치 못한 상황 속에서 적응해가는 시간들이었다.

어느 날 찾아온 '랜선코칭맛집'. 이름부터가 신선했고 궁금하기도 했으며 끌리게 되었다. 랜선으로 이뤄지는 코칭의 맛집은 어떻게 이뤄지는 것일까? 하루하루 올라오는 다양한 질문 음식들의 맛을 보면서 내 삶의 영양분이 차곡차곡 쌓여가면서 독특한 상황 속에서 견디는 면역체가 조금씩 생성되어가면서 그 맛도 깊이가 더해가기 시작했다.

코칭맛집은 삶의 다양한 경험을 질문에 따라 답을 하며 삶의 향기가 피어올랐다. 또한 그 깊이 있는 영혼을 나눠주는 인생의 맛은 내 삶의 깊은 곳에 차곡차곡 면역체로 쌓여서 강건하게 하고 다양한 항체를 형성해주는 계기가 되었다.

랜선코칭맛집에서 맛보았던 코칭의 깊은 맛이 삶으로 다시 떠오르도록 나를 깊이 돌아보는 시간을 갖고 싶습니다. 코칭맛집의 다양한 메뉴들을 개발해서 많은 사람들과 나누며 코칭맛집을 통해서 삶의 소중한 맛을 전하는 시간들을 함께할 것을 기대합니다.

forestw@naver.com

## 힐러 조미선 코치

코로나 바이러스로 전 세계가 위기에 빠진 2020년, 우연한 기회에 나와 전혀 상관 없을 것 같았던 코칭을 받고 '랜선코칭클럽'에 초대되어 100일간의 여정에 동행하게 되었다. 비대면 시기에 불가항력적으로 개설된 모임이었지만 서울에서 멀리 거주하는 나에게 랜선코칭클럽을 만난 것은 크나큰 행운이었다.

매일 아침 보석 같은 질문을 만나고 사유하고 답하고 다른 코치님들의 생각에 공감하고 감탄하며 성찰하는 100일의 하루하루가 설레고 가치 있는 시간이었다. 다양하면서도 깊이 있는 질문에 어느 날은 5분 만에 댓글을 적기도 했지만 여러 날은 종일 생각해 간신히 댓글을 적기도 했다. 좋은 질문에 답하기 위해 하루, 일 년을 돌아보기도 했지만 주로 지금까지 살아온 과정을 돌아보고 내가 바라는 미래를 구체적으로 상상해보기도 했다. 매일 부지런히 댓글을 적다 보니 나의 희로애락, 꿈, 희망, 열정이 모이고 어느샌가 댓글이 곧 내가 되어있었다. 온전히 나를 바라보고 받아들이고 느낄 수 있게 되었다.

100일간 불리운 나의 닉네임 '힐러.' 삶의 가치와 나의 존재를 깨닫고 나와 타인의 아픔을 치유하고 싶은 마음으로 힐러(healer)라는 닉네임을 만들었다. 그런데 따뜻하고 애정어린 마음으로 "그랬겠다" 공감받고 "괜찮다"는 위로에 치유된 건 오히려 나였다. 랜선코칭클럽은 그런 곳이었다.

배운 것을 나누고픈 갈망이 있었는데 지혜와 사랑으로 스스로 빛을 내어 선한 영향력을 발산하고 싶다는 초심이 랜선코칭클럽 개설의 취지와도 맞닿아 있기에 더 많은 이들과 이 온기를 나누고 싶다. 쫄깃쫄깃한 질문에 잘근잘근 곱씹어가며 즐겁게 나를 찾아 성장하는 여행에 마구 초대하고 싶다.

함께 했으니 가능했던 여정이다. 매일 만나 가림 없이 생각과 감정을 공유하고 오프라인 모임보다 더 진하게 마음을 나눈 랜선코칭클럽의 코치님들, 그리고 랜선코칭클럽의 영원한 리더 호연 코치님께 깊은 감사의 말씀을 드린다.

00who@naver.com

## 호연 한민수 코치

2020. 정말 잊지 못할 숫자가 되었다.

2020년 한 해는 코로나19와 함께였다. 사람의 눈에 보이지도 않는 작은 바이러스가 우리의 모든 일상을 바꾸어 놓았고, 대부분의 대면 상황은 비대면, 언택트로 전환되었다. 코칭프렌즈 커뮤니티의 네 번째 강이 마르기도 전에 코로나19라는 소용돌이에 휩쓸려버렸다.

그러던 중에 멘토코치님 안남섭 회장님과의 소통으로 '코로나19 극복을 위한 심리코칭 서비스'를 기획하게 되었고, 29명의 코치가 모여 60일간 총 29명의 코칭대상자에게 43회에 달하는 전화 코칭서비스를 무상으로 제공했다. 그 이후 '랜선'이라는 아이디어를 더해 '랜선코칭클럽'이 새롭게 개설하게 되었다.

이 클럽은 어몽**, 당*마켓, MZ세대의 소통방식에 착안해 탄생되었고, 총 26명의 다양한 사람들이 랜선에서 모여 월~금 총 100일 동안 코칭퀘스천으로 소통했다. 매일매일 올라오는 코칭퀘스천에 적극적으로 답변하며 서로 응원하고 공감하고 격려하는 모습이 무척이나 아름다웠다. 서로 얼굴도 못 본 사이였지만, 우리는 이미 '찐'이 되고 있었다.

그렇게 우리는 또 하나의 가족, 랜선 가족 분위기를 이끌어냈다. 혼자라면 절대 할 수 없었겠지만 20명 이상이 온라인으로 모여 시너지를 경험하고 창출했다. 이렇게 좋은 경험을 함께 나누고자 책으로 펼쳐내기로 다짐했다. 그리고 우리는 랜선코칭클럽 시즌 2로 이어간다. 사회 곳곳에서 용기와 사랑을 나누길 바란다.

hoyeoncoach@gmail.com

## 아하 한혜정 코치

랜선은 마음 만남이다.

언택트 시간을 보내면서 모든 것이 비대면의 폭풍을 만나게 되었다. 일상이 얼마나 소중한 것인지 느끼는 시간이 길어질 쯤, 랜선코칭맛집으로의 여행이 시작되었다. 처음에는 한 가지씩 배우면서 접속했었다. 질문은 매일 올라온다. 한참을 생각의 영역에 넣고는 업무를 처리하다가도 생각해본다.

언제였지? 그 마음은 어땠을까?

그랬었지. 그랬구나, 아팠겠다. 그 코치님, 지금 모습을 보니 잘 이겨낸 승리의 선수 같은데 역시 고난은 피가 되고 살이 되어 성숙을 만들어 내는구나 싶다.

조개에 이물질이 들어오면서 그것을 진주로 바꾸는 일을 한다. 랜선코칭클럽의 코치님들은 힘든 일이 들어오면 멋진 일을 바꾸는 에너지가 있다. 그래서 받아들이는 폭이 좋은가 보다. "너도 그러니 나도 그래." 희비의 마음이 교차하면서 과거, 현재가 여행을 한다.

100회를 바라보면서 열정이 넘치는 코치들의 모습에서 미소를 짓게 된다. 시공간을 초월한 서로의 마음이 있고, 공감이 있는 랜선코칭클럽은 아픔을 이야기해도 받아주고 위로하는 코치들로 한 걸음 한 걸음을 함께 옮긴다. 아마도 코로나는 이 많은 마음들에 놀랐을 것 같다. 이 마음들이 한 올 한 올 전해지면 코로나가 물러갈 것 같다. 코로나를 이길 면역의 힘이 되어 말이다.

더 단단한 마음들로, 따뜻한 마음들로 넓게, 깊게, 사랑이 전해지는 멋진 일을 기대합니다.

icielo@naver.com